JN271593

教育と福祉のための
教育心理学
エクササイズ

会田元明
Aita Motoaki

新曜社

はじめに

　不登校・いじめ・校内暴力のみならず，非行やさらには自殺まで，教育にまつわる子どもの問題が，学校においても家庭においても増加の一途をたどっています。教育をめぐるこころの問題を科学的に研究する学問に教育心理学があり，教壇に立つ者には履修が義務づけられているにもかかわらず，いっこうに減る様子がありません。このことを考えると，教育心理学そのものに何か重大な誤りがあるのではないかと考えざるをえません。

　この本は，教員養成課程の学生はじめ心理学・人間科学・児童学・社会福祉学・保育学などを学ぶ学生が研究論文・卒業論文を書くためのテキストとして，研究の方法論を体系的に述べたものですが，同時に，現職の教員や教育相談員の方々のための研究案内書でもあります。すでに人間科学・心理学の研究方法論の成書が少なからず存在するなかにあえて本書を上梓するのは，これまでのいわゆる「科学的」とされてきた研究方法論に代わって，人間を，それが置かれている状況を含めてもっとトータルに，深く理解するための方法論が，教育の場でも研究の場でも求められていると考えるからです。そのためには，これまでの教育心理学を対象化し，自己点検する必要があります。

　したがって本書は，教育実践のための教育心理学研究をめざして，既成の価値観から自由でかつ学際的（教育学・哲学・生物学・文化人類学・児童精神医学）という意味で「新しい」研究方法論を，そのエクササイズと共に述べようと思います。また他書にはない事例研究を取り上げ，教育シミュレーションという新しい研究法も紹介します。さらにエクササイズで得た知識をもとに，教育心理学用語の再定義も試みました。このように本書は，いろいろな面で「新しい」教育心理学書であり，研究方法の解説書です。

　従来の教育心理学がうまく機能していないのは，それに誤りがあるのではないかと述べましたが，具体的には次のようなことが考えられます。

（1）教育心理学の暗黙の前提

　研究の方法で再点検しなければならないのは，まず教育心理学が暗黙のうちに前提にしている次のような事柄です。

①教育を絶対視するという前提
　文化人類学の研究によると，子どもが大人から「学ぶ」という行為は人類に共通してみられますが，意図的に「教える」という行為は普遍的には観察されません。教えるという概念をもたない民族もいます。また生命科学によって，生き物が自分と同じ子孫を残す基本的な方法は，「同じ」ということばと矛盾するようですが，親とは異なる形質をもつ多様な子どもを生み，環境の変化に適応していくことであることが明らかになりました。ところが人間の教育は，この生命の営みである多様化とは逆に，均質化する機能をもっています。教育行為をまさに研究の中心的な対象としている教育学においてはむしろ，このような教育の弊害の研究がしっかりなされています。すでに1980年にドイツで，アリス・ミラーにより *Am Anfang War Erziehung*（山下公子訳『魂の殺人——親は子どもに何をしたか』1983年，新曜社）が出版されました。引き続き1987年にはカール－ハインツ・マレが，*Untertan Kind*（小川真一訳『冷血の教育学』1995年，新曜社）を出版しています。日本でも，教育学者の北本正章は，次のように述べています。

　　「家庭と学校とは一緒になって，『教育』の名の下に，子どもたちを大人の世界から引き上げさせた。かつては自由奔放であった学校は，次第に厳格になっていく規律の体制のなかに子どもたちを閉じ込め，子どもたちの自由の概念をせばめてしまった。この体制は社会の最下層の受刑者たちにしか与えられなかった鞭打ちや心理的および物理的な独房という懲罰を子どもに与えるようになった」（北本正章『子ども観の社会史』1993年，新曜社）

　しかし，日本の社会全体が，学校や教師のあり方はあれこれと批判しても教育そのものは絶対視して疑わず，あたかも教育信仰といえる状態にあります。さらに実証科学として客観的に教育現象を観察対象にするべき教育心理学も，この「教育は無条件に必要なもの・良いもの」という社会通念を暗黙の前提に

しています。その結果，学習活動をいかに「効率化」するかとか，いかに評価するかが研究の中心となり，また罰を指導方法の一つとして述べたり，動機づけと称して子どもを操作する技術がその内容となっているのです。しかしこれからの教育心理学は，教育の絶対視という暗黙の前提をまず疑うことから出発して，教育活動を観察の対象として相対化しなければならないと考えます。

②機械論的人間観という前提

高等学校の「生物」のある教科書には「動物の反応」という章があり，そのなかの一つの節は「動物の行動」となっています。そこでは，「動物の生まれつきの行動」と「経験によって身についた行動」が分けて解説されています。そして経験によって身についた行動を「学習」とよぶこと，学習能力は神経系の発達に伴って発達することが述べられています。こういう学習の例として，餌を得るためのネズミのバー押し行動と餌の置いてあった色紙に集まるミツバチの実験があげられています。このように，学習というのは昆虫も含めた生き物に共通する現象で，まさに生物学の研究対象なのです。

しかしたしかに人間も生物ですが，人間の学習がネズミやミツバチの学習と同じものかどうかは，大いに疑問があります。なんといっても人間は，意志をもった主体的存在なのです。しかし人間行動を解説するはずの教育心理学書に，人間について調べた実験ではなく動物実験がそのまま引用されてきたのは不思議です。哲学者たちに擬鼠主義（ratomophism），擬動物主義とからかわれてきたこの心理学の研究法の大元には，人間行動を「刺激‐反応」としてとらえるデカルト以来の機械論的人間観がある，と考えると納得できます。自動販売機にコインを入れてボタンを押せば飲み物が出てくるのと同じように，子どもにある刺激を与えれば（たとえば道徳を教える），当然子どもは相応の反応をする（道徳的になる）と期待しているのです。このようにして教育心理学は，学習指導・生徒指導などと称して，このような機械論的な考え方にもとづいて子どもを操作の対象にしてきたのです。

（2）学際的研究の欠如

教育心理学の対象となる子どもは，生徒である以前に人間です。そこで人間存在についての基本的な理解が，教育心理学研究の出発点となります。人間存在の研究をめざす学問である哲学・文化人類学や文学などの人間論が，教育心

理学研究の基礎として必要になるでしょう。さらに人間は生命をもつ生物であり，そもそも生命とはどういうものなのかという，生物学や生命科学の理解が，教育心理学研究の基礎である人間理解のさらに基礎として必要でしょう。また研究方法論を語るときは，科学方法論や論理学も理解していないと，基本的な思考の誤謬をおかすおそれがあります。

（3）内観および了解的方法による研究の欠如

心理学では，行動の因果的要素を取り出してそれを数量化し，統計処理するという自然科学の方法論を取り入れられてから，長らくそれが唯一の正しい方法論とされてきました。そして自己の意識をさぐって言語化する内観による研究方法や，行動をその意味連関に即して理解する了解的方法は，非科学的であるとして顧みられなくなりました。しかし人間行動は，因果による理解と数量化による方法論だけでは，必ずしも核心に迫ることはできません。たとえば生徒が教師をナイフで刺す，いじめられて自殺をはかるというような行動については，知能テストや性格テストをしたり，因果関係をもつと思われる要因をいくら探索しても，「なぜ？」の疑問に答えられません。「科学的」方法論ではうまく扱えないのです。すると教育関係者は，そういう行動を短絡的行動・衝動的行動などと表現して，その行動をとった子どもに問題があったとして，処罰の対象にします。あるいは医療関係者は，「○○病」と分類して治療の対象にしてしまいます。そこには，たとえば，「体調がすぐれず遅刻したにもかかわらず，理由も聞かずに何度も叱責された生徒」の立場に立って，そのときの屈辱感を共感的に追体験し，攻撃性を爆発させざるをえなかった生徒の行動を了解的に理解するという方法は用いられません。これからは，新しい研究法である教育シミュレーションなどによる，このような「内からの理解」が，新しい教育をもたらすでしょう。

（4）研究者自身の自己点検の欠如

研究者個人の考えがその研究に影響していることを知能の研究で明確にしたのは，アメリカの心理学者レオン・ケイミンでした。彼は知能に関する客観的と称する従来の数多くの研究論文が，じつは研究者の人間観や偏見を支持するように歪曲されていると指摘しました。知能の研究で有名なハンス・アイゼン

ク（P.59のコラム参照）との討論を編集した著書のなかで，ケイミンは次のように述べています。

「我々の多くはこういう事柄（ＩＱやその遺伝）に対する知識を『専門家』や『その道の権威』の書き散らす本や論評に頼らざるを得ないのだが，彼らはいつでも自分たちは客観的で真実の探求にのみ関心があると言いながら，往々にしてそれぞれの根強い意見に凝り固まっているのである。彼らが真実であると主張する『事実』が，彼らの抱く見解や偏見に合わせて歪められていないという保証があるだろうか。願望とは，結局，しばしば思考の母，また信念の母である。どうして『事実』についてもそうでないと言えようか。」（Ｈ．Ｊ．アイゼンク＆Ｌ．ケイミン『知能は測れるのか』斎藤和明訳，1985年，筑摩書房）

　私たちは日常生活で社会通念となっている価値観を無意識のうちに取り入れています。これは，研究者も例外ではありません。しらずしらずに，学校的価値観や集団中心主義にとらわれています。そのよい例が「不適応・反社会的・怠学」など，子どもを特定の価値観で否定的に見る用語が日常的に使われ，心理学関係の辞典にも記載されているという事実です。もし研究者が学校教育の必要性は自明のことであり，そのための集団行動の必要性も自明のことと考えれば，不登校を否定的に見て，その子どもも家族も否定的に評価してしまうことになります。また無条件に「離席はよくない・私語はよくない・盗みはよくない」と考える研究者の研究は，そういう行動をすることがある人間という存在の究明や子ども理解には至らず，管理教育の工夫になることでしょう。人間の研究においては，研究者自身の意識的な自己点検が必要ですが，それが従来欠けていました。
　研究者が無自覚に抱いている学校的価値観・集団中心主義・道徳観のほか，先に述べた教育絶対視・機械論的人間観・人間学的考察の欠如・自然科学的方法論の偏重などが，教育心理学のパラダイムとして長い間機能していたと思います。この旧いパラダイムのもたらしたものが今の教育問題だとすると，その解決のためには，研究方法論から見直すべきなのです。

本書の構成

　本書の各章は「Ⅰ研究法」「Ⅱエクササイズ」「Ⅲ再定義」からなります。「研究法」では，解説する前にその内容のアウトラインを枠内に掲げました。「エクササイズ」では，課題とともに著者が実際に試みた観察・実験の例や，授業のなかで学生が回答した例などを参考までにあげました。実際に授業で本書をテキストとして用いる場合は，授業開始前に回答例を読まないように学生に対し事前指導が必要でしょう。回答例を読んでしまうと，真犯人を知っていて推理小説を読むようなもので，学ぶ楽しみはなくなります。この「エクササイズ」を進めるなかで，教育や心理学に関するいろいろな用語に出会います。そこで得たそれらの用語の新たな認識をもって，従来の文献に記載されている定義をあらためて見直し，定義し直したのが「再定義」なのです。

　すでに出版されている教育心理学・心理学の多くの概論書や辞典類を見ると，新しい項目や用語が追加されることはあっても再定義されることなく何十年も版を重ねています。このことは「古い革袋に新しい酒を入れる」の喩えのとおり，その学問が旧態依然の状態にあることを意味します。このような考えのもとに本書では主な教育用語・心理学用語を再定義しました。この再定義にもとづく具体的な教育観・教育方法の修正こそ，教育にまつわる子どもの問題の解決をもたらすと考えます。

人間機械論を主張したデカルト →

　哲学者デカルト R. Descarte（1596〜1650）の人間機械論は人間研究の在り方に大きく影響を与え，20世紀には心理学の研究を，因果論的発想で原因と結果を要素として取り出し，それを数量的に測定し，相関関係を算出するという科学的・客観的とされる研究方法へと大きく方向づけた。
（野田又夫『デカルト』1960年，岩波新書）

目　次

はじめに　iii
本書の構成　viii

第Ⅰ部　研究の基礎知識

1　科学的方法と人間学的考察　3

 Ⅰ　研究法 …………………………………………………………… 3
   機械論的説明と目的論的説明
   人間学的考察
   哲学と心理学の再統合

 Ⅱ　エクササイズ ………………………………………………… 6
   課題／回答例

 Ⅲ　再定義（教育心理学の再定義）………………………………… 8
   文献に見る教育心理学の定義
   「教育実践の合理化と効率化に貢献」を吟味する
   「合理化と効率化」の意味するもの
   教育心理学を再定義する
   研究課題
   研究方法

2　機械論的説明1　——　帰納的方法　15

 Ⅰ　研究法 ………………………………………………………… 15
   機械論的説明
   帰納的方法

Ⅱ　エクササイズ ……………………………………………………18
　　　　　　　課題1，課題2／回答例

　　Ⅲ　再定義 （非行の再定義） ……………………………………22
　　　　　　　文献に見る非行の定義
　　　　　　　「非行」は心理学的・科学的な定義か？
　　　　　　　研究を大きく方向づけた定義
　　　　　　　否定的自己像の形成
　　　　　　　非行を再定義する

3　機械論的説明2 ── 仮説的方法　　　　　　　　　　　　25

　　Ⅰ　研究法 ……………………………………………………………25
　　　　　　　原因が顕在化しない場合
　　　　　　　随伴する状況の分析
　　　　　　　仮説と検証
　　　　　　　第2の仮説と検証
　　　　　　　演繹によるジグソーパズルの完成

　　Ⅱ　エクササイズ ……………………………………………………28
　　　　　　　課題／回答例

　　Ⅲ　再定義 （学業不振（児）の再定義） …………………………30
　　　　　　　文献に見る学業不振（児）の定義
　　　　　　　学力中心主義にもとづく偏見と非科学性
　　　　　　　学業不振を再定義する

4　目的論的説明　　　　　　　　　　　　　　　　　　　　　33

　　Ⅰ　研究法 ……………………………………………………………33
　　　　　　　機械論的説明の限界
　　　　　　　目的論的説明と人間観
　　　　　　　究極目的
　　　　　　　了解（理解）と研究者の感性

　　Ⅱ　エクササイズ ……………………………………………………36
　　　　　　　課題1，課題2／回答例

Ⅲ　再定義　学級崩壊の再定義　……………………………………39
　　　　　　文献に見る学級崩壊の定義
　　　　　　学級崩壊の機械論的説明
　　　　　　学級崩壊の目的論的説明
　　　　　　学級崩壊の意義
　　　　　　学級崩壊を再定義する

5　現象の記述1 —— 文章化　　　　　　　　　　　　　　　　43

　　Ⅰ　研究法　……………………………………………………………43
　　　　　　記述の具体性
　　　　　　記述の客観性

　　Ⅱ　エクササイズ　……………………………………………………45
　　　　　　課題1，課題2／回答例

　　Ⅲ　再定義　指導要録の再定義　……………………………………50
　　　　　　文献に見る指導要録の定義
　　　　　　教育改革は記録の書き方から
　　　　　　指導要録を再定義する

6　現象の記述2 —— 数量化　　　　　　　　　　　　　　　　55

　　Ⅰ　研究法　……………………………………………………………55
　　　　　　定性的な記述と定量的な記述
　　　　　　因子分析
　　　　　　心理学的測定の尺度
　　　　　　集団データの記述
　　　　　　個人データの記述

　　Ⅱ　エクササイズ　……………………………………………………62
　　　　　　課題1，課題2，課題3／回答例

　　Ⅲ　再定義　知能の再定義　…………………………………………65
　　　　　　文献に見る知能の定義
　　　　　　知能とよぶべき実体が存在するのか
　　　　　　操作的定義
　　　　　　知能を再定義する

7　直観的方法　　69

- Ⅰ　研究法 …………………………………………69
  - 分析的方法
  - 分析的方法の限界
  - 直観的方法
  - 分析と直観の意義
  - 分析的方法で子どもを知る
  - 直観的方法で子どもを知る

- Ⅱ　エクササイズ …………………………………73
  - 課題1，課題2／回答例

- Ⅲ　再定義（生徒理解の再定義）…………………76
  - 文献に見る生徒理解の定義
  - 指導のための理解は分析にもとづいている
  - 生徒のための生徒理解
  - 生徒理解を再定義する

8　人間学的考察　　81

- Ⅰ　研究法 …………………………………………81
  - 人間とはどういう存在か
  - 人の認識は客観的か

- Ⅱ-1　エクササイズ（研究対象について存在論的に考える）……83
  - 課題／回答例

- Ⅲ-1　再定義（適応の再定義）……………………87
  - 生物学・医学における適応の意味
  - 心理学における適応の意味
  - 否定されたことからの二次反応
  - 適応を再定義する

- Ⅱ-2　エクササイズ（研究者自身について認識論的に考える）…90
  - 課題／回答例

- Ⅲ-2　再定義（性格の再定義）……………………94

　　　　文献に見る性格の定義
　　　　性格の記述
　　　　伝統的な性格記述における問題点
　　　　性格を再定義する

第II部　観　察

9　自然観察　99

I　研究法　99
　　　　自然観察と観察者
　　　　観察者としての態度
　　　　観察記録の記述

II　エクササイズ　102
　　　　課題／回答例

III　再定義　学級集団の再定義　103
　　　　文献に見る学級集団の定義
　　　　現実の学級集団
　　　　学級崩壊
　　　　学級集団を再定義する

10　組織的観察1 ── 行動観察　107

I　研究法　107
　　　　組織的観察と仮説
　　　　特異的（微視的）観察
　　　　普遍的（巨視的）観察
　　　　経年観察
　　　　異文化観察

II　エクササイズ　110
　　　　課題1（非参加観察），課題2（参加観察）／回答例

III　再定義　教師の再定義　115
　　　　文献に見る教師の定義
　　　　教師の法律上の位置づけ

観察による教師
養護教諭との比較
教師を再定義する

11 組織的観察 2 ── 内面観察　119

Ⅰ　研究法 ……………………………………………………………119
　　心理検査による内面観察
　　作品観察法による内面理解
　　面接による内面理解

Ⅱ　エクササイズ ……………………………………………………123
　　課題1（心理検査），課題2（面接）／回答例

Ⅲ　再定義 教師生徒関係の再定義 ………………………………130
　　文献に見る教師生徒関係の定義
　　制度上の教師生徒関係
　　観察された教師生徒関係
　　教師生徒関係を再定義する

第Ⅲ部　実　験

12 臨床実験　137

Ⅰ　研究法 ……………………………………………………………137
　　実験の二つの意味
　　仮説と研究者の自己点検
　　臨床実験
　　実験室的実験と教育シミュレーション

Ⅱ-1　エクササイズ（実験授業）…………………………………140
　　課題／回答例

Ⅲ-1　再定義 学習指導の再定義 …………………………………144
　　文献に見る学習指導の定義
　　他律的・画一的・強迫的な教育観
　　動機・レディネス・個人差にも操作を加える学習指導

学習指導を再定義する

Ⅱ-2　エクササイズ（実験評価） ……………………………147
　　　　課題／回答例

Ⅲ-2　再定義（学力の再定義） ……………………………149
　　　　文献に見る学力の定義
　　　　何をするための「力」か
　　　　能動的な学力観とは
　　　　評価との関連で意味をもつ学力
　　　　学力を再定義する

Ⅱ-3　エクササイズ（実験生徒指導） ……………………………152
　　　　課題／回答例

Ⅲ-3　再定義（学校の再定義） ……………………………155
　　　　文献に見る学校の定義
　　　　学校の義務性
　　　　学校の閉鎖性
　　　　学校のもつ序列主義
　　　　学校を再定義する

13　実験室的実験 1 ── 教育シミュレーション　159

Ⅰ　研究法 ……………………………159
　　　　教育シミュレーション
　　　　心理劇
　　　　教授法としての教育シミュレーション

Ⅱ-1　エクササイズ（模擬生徒指導） ……………………………162
　　　　課題／回答例

Ⅲ-1　再定義（生徒指導の再定義） ……………………………165
　　　　教師自身の述べる生徒指導
　　　　教師の自己絶対視
　　　　指導の背景にある子ども観
　　　　文献に見る生徒指導の定義
　　　　生徒指導を再定義する

Ⅱ-2　エクササイズ（模擬評価） ……………………………169

　　　　　　　　課題／回答例

　Ⅲ-2　再定義 （教育評価の再定義） ………………………175
　　　　　　　　文献に見る教育評価の定義
　　　　　　　　評価は教育に必要か，また可能か
　　　　　　　　評価の弊害
　　　　　　　　教育評価を再定義する

　Ⅱ-3　エクササイズ（模擬障害体験） ………………………178
　　　　　　　　課題／回答例

　Ⅲ-3　再定義 （障害児教育の再定義） ……………………182
　　　　　　　　文献に見る障害児教育の定義
　　　　　　　　「障害の軽減・改善・克服」の意味するもの
　　　　　　　　正常化論の問題点
　　　　　　　　障害の受容
　　　　　　　　障害児教育の再定義

14　実験室的実験2 ── 統制群法　　185

　Ⅰ　研究法 ……………………………………………………185
　　　　　　　　統制群法
　　　　　　　　要因操作
　　　　　　　　誤差管理
　　　　　　　　事前テスト・事後テスト
　　　　　　　　盲検法

　Ⅱ　エクササイズ ……………………………………………189
　　　　　　　　課題／回答例

　Ⅲ　再定義 （カウンセリングの再定義） ……………………194
　　　　　　　　文献に見るカウンセリングの定義
　　　　　　　　直す（cure）と癒す（care）
　　　　　　　　指示的と非指示的カウンセリング
　　　　　　　　カウンセリングを再定義する

第Ⅳ部　事例研究

15　事例分析　　201

　Ⅰ　研究法 ·· 201
　　　　　追跡的研究と遡及的研究
　　　　　事例分析とカンファレンス（事例検討）
　　　　　事例分析の方法
　　　　　事例分析とカンファレンスの相違点

　Ⅱ-1　エクササイズ（人間存在を考える事例）·················· 204
　　　　　事例／課題／回答例

　Ⅲ-1　再定義（「遺伝と環境」の再定義）······················ 208
　　　　　文献に見る遺伝-環境問題
　　　　　遺伝-環境問題の研究法
　　　　　遺伝-環境問題は両義図形と同じ
　　　　　「遺伝と環境」を再定義する

　Ⅱ-2　エクササイズ（教育の原則を考える事例）················ 211
　　　　　事例／課題／回答例

　Ⅲ-2　再定義（しつけの再定義）······························ 213
　　　　　文献に見るしつけの定義
　　　　　善悪を教えればそのとおり行動するか
　　　　　しつけを再定義する

16　カンファレンス（事例検討）　　217

　Ⅰ　研究法 ·· 217
　　　　　分析的方法によるアセスメント
　　　　　了解的方法による行動の理解
　　　　　キュア（cure）とケア（care）
　　　　　カンファレンスの利点とコンサルテーション
　　　　　報告書記載事項と参加者の倫理

Ⅱ - 1　エクササイズ（優等生の突然の不登校の事例） ············221
　　　　　事例／課題／回答例

Ⅲ - 1　再定義 集団の再定義 ································225
　　　　　文献に見る集団の定義
　　　　　教育心理学書に見る集団の記載
　　　　　現実の学校教育に見られる集団教育
　　　　　集団を再定義する

Ⅱ - 2　エクササイズ（盗みの事例） ·······················228
　　　　　事例／課題／回答例

Ⅲ - 2　再定義 教育相談の再定義 ····························232
　　　　　文献に見る教育相談の定義
　　　　　教育相談の基本的な考え方
　　　　　現実の教育相談
　　　　　教育相談を再定義する

おわりに　237
引用文献　239
参考文献　240
索　引　245

●●コラム●●

項目	ページ	章
人間機械論を主張したデカルト	viiiページ	
心理学から哲学を排除したヴント	5	第1章
非行とされた中学生の否定的自己像	19	第2章
了解心理学の始祖ディルタイ	37	第4章
人間性心理学の代表者マスロー	46	第5章
担任の記録した指導要録の所見	48	第5章
POSによる看護記録の例	51	第5章
ハンス・J・アイゼンク	61	第6章
3歳児の人間についての認識	83	第8章
カタクリの生活とコナラ林内の明るさの季節的変化	84	第8章
カール・ロジャーズ	93	第8章
観察者ファーブル	101	第9章
自由連想法の創始者フロイト	123	第11章
荘　子①	126	第11章
カール・ロジャーズの教師生徒関係論	132	第11章
一望監視施設としての学校	157	第12章
中学生の逮捕を伝える新聞記事の例	165	第13章
荘　子②	177	第13章
狼に育てられた子カマラ	207	第15章
両義図形	209	第15章
『少年の日の思い出』の主人公	234	第16章

装幀──柳川貴代＋Fragment

I

だい1ぶ

●● 研 究 の 基 礎 知 識 ●●

1 科学的方法と人間学的考察

I 研究法

```
                        ┌ 現象の記述 → 第5～6章
              ┌ 科学的方法 ┤ 仮説 ┌ 機械論的説明 ┌ 帰納的方法 → 第2章
              │         │       ├ 原因の説明 ┤              └ 仮説的方法 → 第3章
教育心理学研究 ┤         │                   └ 目的論的説明 → 第4章
              │         └ 検証（観察・実験・事例研究）→ 第2～4章
              └ 哲学的方法・人間学的考察 → 第7～8章
```

機械論的説明と目的論的説明

　観察された現象を忠実に文章に書き表す作業を**記述**といい、科学的方法は記述から始まる。記録が科学的な分析の資料となるためには、記述の仕方に**客観性・具体性・正確性**が求められる。たとえば「生徒Aが突然教室を飛び出した」という記述とともに、日付・時間・授業科目・授業内容・授業の流れ・授業担当教諭の発話などが記録としては必要である。この記録の段階にとどまる対象の記述を目的とした研究を、**記述的研究**という。

　記述された特殊な事実をもとに、そのよって立つ原因を明らかにすることを**説明**といい、その研究を**説明的（分析的）研究**という。先の例の生徒Aの場合なら、「突然教室を飛び出したのはなぜか？」という問いに答えるのが説明で

ある。この「なぜか?」への答えには、たとえば「忍耐力がないから」とか「礼儀を知らないから」という行為者の属性(素因)による説明もある。同時に「授業がつまらないから」とか「授業が難しいから」という行為者のおかれた**状況(環境)による説明**もある。しかしこのような行為者の属性やおかれた環境は、飛び出すという行動の直接的原因というよりは、準備条件となるものである。このような条件のなかで、生徒Aは居眠りをして教師に叱責された直後に飛び出したとすれば、この叱責が行動を起こさせるきっかけになったと考えることができ、これを**刺激(誘因)**という。このように、ある条件のもとで、ある刺激によって行動が起こったというように、行動を因果関係でとらえる説明を**機械論的説明**という。しかし、この機械論的説明の他に、「教師の叱責に反発を示すため」というような説明も考えられる。このような行為者の目的による説明は、**目的論的説明**といわれる。他の動物と異なり、主体的に生きる存在である人間の行動の説明においては、この目的論的説明も必要とされる。

　実際の行動は、行為者の属性と行為の場が密接に関連する状況で、外部からの刺激が行為者にある意図を起こさせて生じる。行為者の属性のなかでも行為者の行動の目的と直接関連するのが、**価値観**のような「物の見方・考え方」である。たとえば勉強は無意味だという価値観(属性)をもっている生徒が、授業が難しいという状況のなかで、授業態度を叱責されるという刺激にたいして「叱責に反発したい」という意図をもち、教室を出るという行動に至るというような、総合的な説明が必要である。

人間学的考察

　多くの自然科学は、その記述、説明、検証から一切の研究者の主観を排除することによって発展を遂げてきた。しかし、自然科学といえども、人間に関する学問は研究者の主観から自由ではあり得ない。たとえば医学において人の死を脳死とするか心臓停止とするかは、研究者の死生観により異なってくる。このような死生観、さらには生命観、人間観、子ども観、教育観など、人間存在に関する諸々の「物の見方・考え方」の考察を、広い意味の人間学ということにする。

　人間行動の理解においては、研究者の「物の見方・考え方」が直接影響することが多い。たとえば道徳観に支配された見方から殺人を犯した少年を見れば、「善悪の判断がつかない」「命の尊さを知らない」と判断して、それらを「教え

る」という対応に終始することになる。そして問題行動のもとにある、その行為者特有の人間観などの「物の見方・考え方」が看過される。このように、研究者が無意識のうちに前提とする物の見方・考え方と、行為者の物の見方・考え方を考察することが、ここでいう**人間学的考察**である。

哲学と心理学の再統合

現在存在する多くの学問は、哲学的考察がもっぱら主観的であるとして哲学から独立し、成立したという歴史がある。最初に物理学のような自然科学が独立し、現在の科学技術をもたらすという大発展を遂げた。続いて経済学や社会学も独立した。最も遅れて心理学は、ヴント（W.Wund, 1832～1920）による実験心理学の開始とともに独立した。それは、心理学から哲学的な考察を放逐することを意味した。その結果、研究対象である人間の存在論的な考察は失われ、社会通念を自明のこととして教育を研究する方向へ導き、子どもを大人の操作の対象にすることとなった。すなわち、授業中たびたび離席する生徒は、大人の立場からの価値観である「生徒は勝手に席を立ってはいけない」という見方から問題があるとされ、知能検査をされ、もし知能が低いという結果が出れば特別の学級へ入れられた。授業に集中しない生徒は自動的に「無気力」とされ、「不適応児」とされた。このような研究者自らがもっている物の見方・考え方を検討し、研究対象である人間がどのような見方・考え方をする存在であるのかを明らかにするためには、哲学と教育心理学が再統合する必要がある。

心理学から哲学を排除したヴント →
20世紀初期の心理学は哲学の一部であった。本来は生理学者であるヴント（W. Wundt, 1832～1920）は感覚や記憶を分析的に研究し、それを実験心理学と称して哲学から心理学を独立させた。それ以来、科学的方法が心理学を支配してきた。
（出所：『心理学辞典』1981年、誠信書房）

II　エクササイズ

課　題

　次の事件の「少年の言動についての各紙の報道」を，次頁の「整理様式」に従って，その少年の人間観を表しているものと自己観を表しているものとに分け，さらにその人間観・自己観から行為者の「物の見方・考え方」を明らかにし，「行動の説明」を試みる。

〔事件の概要〕
　2000年12月，東京新宿の繁華街のビデオ店で爆発物が爆発し，店内に並べてあったビデオテープが散乱，天井の一部がはがれ落ちた。店内には店員が一人いたが，けがはなかった。約15分後，現場から約300メートル離れた交番前を歩いていた少年を警察が職務質問。「新宿の件はおれがやった。自首しに来た」と認め，散弾銃と弾丸39発を持っていたため，銃刀法違反などの疑いで現行犯逮捕された。

〔少年の言動についての各紙の報道〕
　　『読売新聞』記載①　中学時代の柔道部の顧問は「『人間とはどういうものなのか』と哲学的な難しいことを質問してきた。私には答えられなかった」と話す。
　　　　　　　記載②　少年は「人を壊したかった」などと供述している。
　　『朝日新聞』記載③　少年「学校，面白い？」
　　　　　　　　　　　友達「面白いよ，君は？」
　　　　　　　　　　　少年「つまらない，人生を終わりにしたい」
　　　　　　　記載④　少年は小学校卒業文集で，将来なりたいものについて「テロリスト」と記していた。
　　　　　　　記載⑤　高校1年の秋。少年は，周囲の生徒にこんなことを言っている。「この学校はレベルが低い。これじゃだめだ。もっとレベルを上げないといけない」
　　『下野新聞』記載⑥　「バラバラに壊したかった。骨や内蔵を見てみたかった」。少年の供述は現実感覚を欠いている。「人間の壊

1　科学的方法と人間学的考察　　7

れやすさを確かめるための『聖なる実験』」という神戸事件の少年が書いた犯行ノートのフレーズを思い起こさせることばだ。

〔整理様式〕

	少年の言動についての各紙の報道	物の見方・考え方	行動の説明
人間観			
自己観			

回答例

　以下の整理様式の記入のとおり，この事件の少年の行動は自己否定行動（自分で自分を否定する行動で，その典型は自殺である）と理解できる。さらに，その自己否定は学校的価値観（学校教師が高く評価する学力などに価値をおく考え方）にもとづいて自分を評価することから来ていると考えられる。それは「学校の期末試験がほとんどできず，どうにでもなれという気持ちで（爆破を）やった」（ＮＨＫニュース）と少年が述べていることからもいえるだろう。ちなみに，新聞に掲載された事件に対する識者のコメントは，行為者の行動を「短絡的行動」とか「思考を飛ばしている」などと見る欠点探しや非難に終始している。研究者自身が自己点検を怠ると，研究者の価値観が行為者の行動の解釈に影響を及ぼしていることに気づかない。

	少年の言動についての各紙の報道	物の見方・考え方	行動の説明
人間観	・中学時代の柔道部の顧問は「『人間とはどういうものなのか』と哲学的な難しいことを質問してき	機械論的人間観がうかがわれる。	人を殺すことを「バラバラに壊す」という機

	・た。私には答えられなかった」と話す。 ・少年は「人を壊したかった」などと供述しており，地元の学校関係者らに衝撃が走った。 ・「バラバラに壊したかった。骨や内蔵を見てみたかった」。少年の供述は現実感覚を欠いている。「人間の壊れやすさを確かめるための『聖なる実験』」という神戸事件の少年が書いた犯行ノートのフレーズを思い起こさせることばだ。		械の分解のように表現することが理解できる。
自己観	・少年「学校，面白い？」 　友達「面白いよ，君は？」 　少年「つまらない，人生を終わりにしたい」 ・少年は小学校卒業文集で，将来なりたいものについて「「テロリスト」」と記していた。 ・高校1年の秋。少年は，周囲の生徒にこんなことを言っている。「この学校はレベルが低い。これじゃだめだ。もっとレベルを上げないといけない」	自己否定感がうかがわれる。	処罰を受ける行為と承知で行動し，自ら自首する行動から自己否定行動と理解することができる。

Ⅲ　再定義

教育心理学の再定義

文献に見る教育心理学の定義

1990年代に出版された文献で教育心理学の定義を調べると，まず心理学の辞

典には次のように記載されている。

　「教育過程における諸現象について心理学的に研究し，教育実践の合理化と効率化に貢献しうる心理学的知見や技術を提供しようとする心理学の一分野。古くは一般心理学で見出された知見を教育実践に応用する応用心理学の一つとみなされていたが，現在では，単なる応用ではなく，教育実践に直接もしくは間接に関連するという独自の性格を持つことが主張されている」（『教育・臨床心理学中辞典』1990年，北大路書房）

次に1970年代に初版が出版され，1990年代に改定されて長期にわたり教育心理学のテキストとして用いられてきた文献における教育心理学の記載は，次のとおりである。

　「教育心理学とは，教育に関連する諸現象を心理学的に研究し，教育効果を高めるのに役立つ心理学的な知見と技術を提供しようとする学問である。すなわち，教育過程に関する心理学的な事実や法則を究明し，教育の合理化・効率化に寄与しうる心理学的な方策や技術を開発することが，教育心理学の重要な課題となる」（白佐俊憲『教育心理学基本テキスト』1990年，川島書店）

ここに例としてあげた文献に見る教育心理学の定義に共通している記述は，「教育実践の合理化と効率化に貢献しようとする心理学の一分野」ということである。そしてこの記述は，他の文献の教育心理学の定義のなかにも見られる一般的なものである。

「教育実践の合理化と効率化に貢献」を吟味する

この「教育実践の合理化と効率化に貢献する学問である」という教育心理学が始まって以来疑問視されずにきた命題を，改めて吟味してみよう。これは教育行為を自明のこととしてまったく疑わず，教育心理学が教育者側に貢献することを当然だとみなしていることを意味する。そして人間の文化としての教育行為を客観的に，すなわち教育者・被教育者の双方から中立的に観察することの放棄を意味する。そもそも教育，なかでも特定の年齢の子どもを特定の施設

に集めて特定の内容を教えるという学校教育は，人類が本来行っていた行動ではなく，きわめて人為的かつ行政的な行為であることが，数々の文化人類学的な研究から明らかである。そのような人為的・行政的な行為に貢献することを目的にする研究は，科学的・客観的研究とは言いがたい。

このような教育者側への貢献の例をいくつかあげることができる。その一つは動物実験をもとにした学習理論の子どもへの適用である。教師は賞と罰で行動を統制できるという教育心理学の教えを子どもに適用し，宿題を忘れた子どもを教室のなかで立たせて恥ずかしさという罰を与える。指示に従わない子どもを叱責したり，教卓の前に席を移すという罰もある。このような罰による指導は，百年前と変わらない教室の光景である。もう一つの例は，学習意欲の動機づけには競争させることが効果的であるという教育心理学の説である。そのために学業成績を序列づけて，成績表として子どもとその親に知らせる。学業成績の差は徒競走の順位同様，その人の一面を表すにすぎない個人差なのに，人間の序列を示しているかのように用いられている。

「合理化と効率化」の意味するもの

伝統的に教育心理学書には学習理論や動機づけが，子どもの学習指導を効率的に進める方法として記載されてきた。またその指導が効率的に進行したかどうかを確認する方法として，あるいは動機づけの方法の一つとして，教育評価の章が設けられてきた。このことは，子どもを操作の対象にし，評価の対象にすることを意味する。人間を操作や評価の対象にすることは，人間を目的への手段とみなすことである。こういう教育心理学のあり方の背後には，一定の入力をすれば一定の出力が得られるというインプット＝アウトプット・モデルの機械論的人間観（あるいは記号計算主義的人間観ともいう）がある。この人間観では「教科書を入力すれば賢い人間ができる，校則を入力すれば規則を守る人間ができる」と考え，効率のよいインプットとアウトプットの技術を追い求めることになる。

教育心理学を再定義する

教育心理学は，人間の教育するという行為，特に社会の制度としての学校教育のもとでの教師生徒関係とその影響を，教育者と被教育者に中立的な立場で

明らかにする学問である。その主な研究課題と研究方法は，次のとおり定義づけられる。

[研究課題]

（1） 教育可能な人間行動と，教育行為が被教育者に及ぼす影響

人間行動には教えてもらうことによって習得できる行動と，試行錯誤によって自ら学ぶことによってのみ習得できる行動があることを明らかにし，さらに人が人を教育することに伴って発生する人間関係，特にそれが強制的な場合（義務教育）の諸現象を明らかにしなければならない。伝統的な教育心理学の「人間の行動は教えてもらい習得するもの，したがって教育は人間に無条件に必要なもの」という暗黙の前提を疑い，教育が発達途上の子どもに及ぼす弊害（たとえば他律的教育がもたらす自律性発達への影響など）という陰の部分をも明確にしていかなければならない。

特に教師生徒関係が，①大人と子どもの関係，②懲戒する者とされる者の関係，③評価する者とされる者の関係である場合，その両者間および生徒どうしの間にどのように特有な関係性が発生するかを明確にしなければならない。

（2） 評価行為が被評価者に及ぼす影響

伝統的な教育心理学は，教育の必要性を暗黙の前提とすると共に，評価も教育に不可欠の要素であることを前提としてきた。しかし，たとえば雇用主による被雇用者の評価なども含めて評価という行為そのものの機能を明らかにし，特に教育における評価が有効な場合と有害な場合を明確にしなければならない。さらに評価を前提とした現在の教育において，評価が教育方法や教育内容にどのように影響するのか，被教育者の心理やその集団の人間関係にどのように影響するのか，また教師生徒関係はどのように変化するのかなども明らかにしなければならない。

（3） 教育者の価値観が被教育者に及ぼす影響

教育行為には制度としての大きな枠があるにしても，その実践にあたっては教育者の人間観・子ども観・教育観・生命観などの価値観が大きく影響する。たとえば，子どもは他律的に指示されなければならないと考えるか，自律性を尊重されるべきであると考えるかにより，教師としての子どもへのことばかけ

一つとってもまったく異なってくる。このような教育観の違いは，世俗的な育児論ばかりでなく，教育・保育者の実践をも厳格派と理解派に二分してきた。そしてこうした教育観の背景には，人間観がある。他律的な指導の背後には，人間を機械とみなして操作の対象とする機械論的人間観があり，それは意欲のない子どもに「動機づけ」をして学習させるという，学習指導の背景にも認められる。

（4）教育病理の解明

このように教育者の価値観や評価行為との関係で，教師生徒の関係性が明らかにされることにより，体罰問題・校内暴力などの発生機序が見えてくるだろう。また教育と評価のもとでの生活を余儀なくされる子どもどうしの関係性を明らかにすることにより，いじめ問題の発生機序が見えてくるだろう。これらの人間の関係性を解明することは，不登校や学校生活にまつわる子どもの自殺を解明する鍵を提供することだろう。

研究方法

（1）自然科学的方法と精神科学的方法の統合

従来の教育心理学の概論書には，教育活動のなかで実際に観察された事実から始まる例はあまり見られず，たとえば教師生徒関係を文献で調べると，「信頼関係になければならない」とか「専制的な教師より民主的な教師がよい」などと，理念を記載した学級経営学が述べられていることが多い。これからの教育心理学書は，研究者が直接学校を訪問して教室での教師生徒関係を観察したり，教師が生徒を指導する場面をシミュレーションしたりして，事実がいかにあるかをしっかりと確認するところから出発しなければならない。

一方，教育心理学会で発表される研究論文は，人間行動を自然科学的方法で説明しようとするあまり，そういう方法がうまく使えないところを研究から切り捨ててきた。すでに精神科学に了解的方法が必要であることは百年前から叫ばれていたが，心理学は当時発展を遂げた自然科学に近づこうとして，了解的方法は非科学的であるとしてきた歴史がある。科学的方法論を追求するあまり，研究対象である人間が実際におかれた状況やあり方や研究者自身の価値観という，人間学的考察を欠いてはならない。

(2) 研究者自身の自己点検

　伝統的教育心理学は機械論的生命観に支配され，子どもを操作の対象にしてきた。教育に関する研究姿勢は，研究者の教育観・人間観により方向づけられるので，研究者自らの価値観の点検が必要である。またそのために，すでに価値判断や特定の感情を含んでいる心理学用語の点検も必要となる。学校嫌い・怠学・学校不適応・逸脱行動など，学校になじまない子どもは問題であるとする教育信仰・学校的価値観にもとづく用語が教育心理学用語として定着しているからである。研究者は教育信仰から自由になり，人の行動には教えることのできない（自分で学ぶしかない）ものがあることの認識をもたなければならない。学校的価値観から自由になり，自明の理とされる教師・教科書・教室などについても再考するようにしたい。

2 機械論的説明 1 ── 帰納的方法

I 研究法

```
                 ┌ 目的論的説明 → 第 4 章
                 │              ┌ 一致法
原因の説明 ┤       ┌ 帰納的方法 ┤ 差異法
                 │              └ 共変法
                 └ 機械論的説明 ┤
                                └ 仮説的方法 → 第 3 章
```

機械論的説明

どのような現象も，それを引き起こす**原因**と，原因により引き起こされる**結果**という観点から観察することができる。原因と結果の関係が因果関係である。

この原因と結果の関係は機械装置の入力と出力の関係と同じなので，因果による現象の説明を**機械論的説明**という。原因をさぐるには，観察された多数の事例に共通する要素を取り出して，そこに原因を求める方法があり，**帰納的方法**という。主に次のような手続きをとる。

帰納的方法

(1) 一致法
研究しようとする現象の複数の事例に，共通する事情が一つだけあるときは，

その事情はその現象の原因または結果であるか、もしくは原因ないし結果と何らかの因果関係をもっていると考えられる。この論理をもとにして、研究しようとする現象を複数観察し、それらのすべてに一致して存在する事情から因果関係を推定する方法を**一致法**という。この方法で因果関係が明らかになることもあるが、完全な方法ではない。たとえばある学級について生徒の学業不振の原因を調べ、学業不振児5人に共通する事情として「家庭学習をしない」ということが明らかになったとする。このことから「学業不振の原因は家庭学習をしないことである」という判断を引き出せるが、常に正しいとはいえない。なぜなら、知能の遅れや聴力・視力の障害その他の可能性も考えられるからである。このように、一致法では因果関係の手掛かりは得られるが、確定的な原因を得られない。

（2）差異法

研究しようとする現象Dの存在する事例Aと、存在しない事例Bがあるとする。そして、事例Aにはある事情Cがあり、事例Bにはそれがないという以外は、事例AもBも他のすべての事情を共通にもつならば、事情Cは、現象Dの結果もしくは原因、もしくは原因の必要な一部分であると判断できる。このようにして因果関係を明らかにしようとする研究法を、**差異法**という。

この方法を一致法と比較すると、一致法は可能な限り多くの事例を収集する必要があるが、この差異法ではわずかに二つの事例を比較するだけで十分である。ただし、この二つの事例は原因と結果の有無のみにおいて違いがあり、その他の点においてはまったく同じでなければならない。

たとえば学級に一人の学業不振児（現象D）がいる場合、その子どもの学校生活を調べたら現在の学年（事情A）で不登校状態があったこと（事情C）がわかり、前の学年（事情B）では普通の成績であることもわかった。このことから、学業成績が低下したので不登校となったか、または不登校だったので学業成績が低下したか、それとも不登校は成績低下の何らかの原因の一部であったと考えることができそうだが、二つの事例は時間を異にし場所を異にしているので、他にも結果に影響する要素が加わっているかもしれない。学年が変わり、教科の学習内容もより高度になっているという変化がある。したがって「その他の事情」が異なっているから、実際には差異法を適用できないことになる。一人の人間についての研究で厳密に差異法の要求する条件を満たすことは現実的でないので、多数の事例を観察して集団間の（事情C以外の）同一性

（3）共変法

　現象Ａが何らかの変化を示すにつれて，もう一つの現象Ｂもそれに伴って変化するとき，現象Ａは現象Ｂの原因または結果であるか，またＡＢ両現象が両方ともある原因のもたらす結果となっていると判断できる。このように，二つの現象に随伴する変化から因果関係を特定する方法を**共変法**という。たとえば，あるクラスの５人の学業不振児を調べたら家庭学習の時間が少ない子どもほど学業成績も低かったとする。このことから二つの現象の間に強い関係のあることがわかるが，これだけでは「学業成績が低いのは家庭学習の時間が短いからである」とは言い切れない。先に「現象Ａは現象Ｂの原因または結果である」と述べたのは，「学業成績が低いことが家庭学習時間を少なくしている」ということもあり得るということである。また「ＡＢ両現象が両方ともある原因のもたらす結果となっている」と述べたのは，たとえば「知的障害があって，教科の内容も理解できないと同時に，家庭学習をする自律性も乏しいという二つの結果をもたらしている」ということも考えられるという意味である。

【帰納的方法の記号による表記】

一致法	差異法	共変法
$S+C$ ……　$s+e$	$S+C$ ……　$s+e$	$S+C$ ……　$s+e$
$S'+C$ ……　$s'+e$	S ……　s	$S+C\pm dC$ ……　$s+e\pm de$
$S''+C$ ……　$s''+e$		$\therefore C$ ……　e
$\therefore C$ ……　e	または	（因果関係が明らかな場合の
（観察に用いる）		量的関係の測定に用いる）
	S ……　s	
	$S+C$ ……　$s+e$	
	$\therefore C$ ……　e	
	（実験に用いる）	

　Ｃ：原因と仮定されるもの　　　　　Ｓ：Ｃに伴う事情の全体
　ｅ：Ｃが原因と考えられる結果　　　ｓ：ｅに伴う結果の全体
　ｄＣ：Ｃにｄという変化を加えたもの

II　エクササイズ

課題1

　次の判断1は，帰納的方法の論理から考えて正しいか。誤りや不十分な点があるとすれば，正しくはどのような論理の運びにするべきかをヒントをもとに考える。

〔判断1〕
　自閉症児の親の育児のしかたを調べると，子どもを寝かせたまま放っておき，あやしたりしないことが共通に見られることが明らかになった。子どもをあやさないで，育児よりも自分の仕事に専念する冷たい母親が子どもを自閉症にする。ゆえに，自閉症は不適切な育児からくる情緒障害である。

〔ヒント1〕
　一致法と差異法を併用して考える。

課題2

　（1）非行（たとえば警察に補導されるような万引き・夜間盛り場徘徊・恐喝・無免許運転・オートバイ盗など）の原因と思われることをなるべく多くあげる。
　（2）次の判断2は，帰納的方法の論理から考えて正しいか。誤りや不十分な点があるとすれば，どのような論理の運びにするべきかをヒントをもとに考える。

〔判断2〕
　非行をした少年を収容する施設で，収容少年の全員に知能検査をした。その結果，約80％の少年のIQが75以下であった。このことから，非行の原因の一つは低い知能であると判断できる。

〔ヒント2〕
一致法をもとに考える。

回答例

課題1について

（1）一致差異併用法

「不適切な育児」という原因と思われる共通の事情があるので，差異法の論理を用いて判断したい。ところが差異法は，「ＡＢ両事例において，事例Ａにはある事情Ｃがあり，事例Ｂにはそれがないという以外は事例ＡもＢも他のすべての事情を共通にもつとき」に限り有効な論理である。そして自閉症の個々の事例は性別・年齢・食事など「不適切な育児（事情Ｃ）」以外はすべてを異にしている。このような場合，一致法も併用して，原因と思われる「不適切な育児」という事情をもつ事例を多数観察し，同時に「不適切な育児」という事情の認められない事例も多数観察し，それぞれの事例の観察結果を比較した上で因果関係についての判断をくだすのがよい。すなわち，ある現象（自閉症）を伴う多数の事例が一つの事情（不適切な育児）のみを共通にもち，同時にその現象（自閉症）を伴わない多数の事例がその共通の事情（不適切な育児）のみを共通にもっていないとき，その事情（不適切な育児）はその現象（自閉症）

非行とされた中学生の否定的自己像 →
子どもの行動を見るときは，社会通念にとらわれた一市民あるいは社会常識を教える教師のまなざしから自由になり，客観的な観察者としての研究者のまなざしをもたなければならない。そうすれば子どもの抱える苦悩が見えるようになり，行動を善悪で判断して非行とよぶこともなくなる。非行というまなざしで見られた子どもは否定的自己像をもつようになる。

の結果もしくは原因，もしくは原因の必要な部分であると判断できる。

さて課題として与えられた判断1を見ると，二つ問題がある。一つは，「その現象（自閉症）を伴わない多数の事例がその共通の事情（不適切な育児）のみを共通にもっていない」ことの確認作業をしたかどうかについて言及されていないことである。この因果関係の判断に必要な作業がなされた上での判断かどうか疑わしい。仮にこの確認作業をした上での判断であるとしても，もう一つ問題がある。それは，論理的には「不適切な育児は自閉症の結果もしくは原因，もしくは原因の必要な部分である」と判断すべきことである。ということは，判断1とは逆に，自閉症が原因となって不適切な育児が結果していることもあり得る。

(2) 原因と結果の逆転

児童精神医学の進歩とともに，自閉症の概念もかなり明確になってきた。今ではそれは，中枢神経の器質的な障害に起因する症候群であることがわかっている。そのような症候の一つは，母親の育児行動としての声かけやイナイイナイバーなどの刺激に対しても反応がなく，だっこしてもしがみついてくることがないことである。母親は，「まるで石を抱いてるよう」に反応がない，という。健康な赤ちゃんなら母親のこのような育児行動に対しては笑顔で声を出して喜び，そのような反応がさらに母親の育児行動を活発にするという交互作用が起き，母子の愛着関係が成立するといわれている。そのような母親の育児行動を活発化させる子どもの側の反応が，自閉症の場合は欠如していたのである。そこで親は，報われない育児行動の回数を減少させ，ついには寝かせっぱなしにしておくことになったようである。〔判断1〕は，この結果だけを観察し，母親の不適切な育児が子どもを自閉症にするという結論を導いている。

課題2について

(1) 非行の原因論の多様性

回答者の立場により回答に特徴がある。教師は「善悪の判断ができない」という子どもの資質を，保護者は「テレビやマンガの影響」を原因としてあげることが多い。非行についての文献には，補導された少年の親子関係の型（過保護や厳格など）をあげているものが多くみられる。

(2)「低知能が非行の原因である」という判断はできない

　この判断を見ると,「低い知能」という共通の事情があるので一致法に従って因果関係を判断できそうである。そこで先の一致法の論法に非行という現象と低知能という事情を当てはめると,次のようになる。「犯罪少年の多くの事例に,低知能という一つの事情だけが共通しているとき,その低知能は犯罪の原因または結果であるか,もしくはこれと何らかの因果関係をもっている」という判断をくだすことができる。

　この〔判断2〕の問題点は二つある。一つは,「一個の事情だけを共通にもっている」かどうかの確認作業がなされたかどうかが問題である。この作業は因果関係の判断をする前提となるので,欠かせない手続きである。可能性としては家庭の経済状態や両親の育児態度や居住環境など,何らかの他の共通性があるかもしれないのである。

　仮にこの作業がなされて低知能のみが事例に共有する「唯一の事情」であるとしても,それだけで「低知能は非行の原因である」とは結論づけられない。「その低知能は犯罪の原因または結果であるか,もしくは原因ないし結果と何らかの因果関係をもっている」と考えるべきだからである。つまり「低知能はたしかに非行の結果である」とはいえず,せいぜいいえることは,「低知能と非行は何らかの関係をもっている」ということである。たとえば,能力が低いために家族からも友人からもからかわれたり辱められたりしたために低い自尊心をもつようになり,非行につながったとも考えられる。あるいは,なかなか雇用の機会が得られず,自暴自棄になって犯罪を犯したということも考えられる。このように,低知能の少年を犯罪に追い込むような条件が社会には偏見として存在し,そのような条件のもとで低知能が共通する事情としてみられたと考えた方がよさそうである。さらに貧しい国か豊かな国かをとわず,貧民街の地域では,劣悪な生活環境と学校教育を受けられないことからくる知能発達の阻害,反社会的な生き方の習得とが同時に進行することも考えられる。

III 再定義

非行の再定義

文献に見る非行の定義

心理学関係の辞典のなかでも，他の多くの文献と共通の内容をもち，また定義（広義と狭義）と原因論が比較的簡潔に記載されている例を次にあげる。

「広義には社会的規範から逸脱する行為全般を意味する，法規範に反する犯罪よりも広い概念であるが，通常は少年非行として使用され，青少年の男女によってなされた反社会的行為全般を意味する。また法的には（狭義には），少年法が適用される20歳未満の男女によってなされた犯罪行為（そのうち13歳以下の男女によるものを触法行為という）と少年法上の虞犯行為を総称することばである。

非行の原因としては，かつては貧困，欠損家庭および精神薄弱や精神障害などの要因が注目されていたが，現在では社会統制的要因，ラベリングなどの社会過程的要因，幼児期体験を重視する対人関係的要因などが注目されている」（『学校カウンセリング辞典』1995年，金子書房）

「非行」は心理学的・科学的な定義か？

ここにあげた代表的な定義は，社会規範・法規範，さらに具体的には少年法に照らし合わせて人間行動を非行と分類した定義である。このことは非行を犯罪行為・触法行為・虞犯行為という法律用語で言い換えていることからも明らかである。したがって非行という用語は人間の心身の状態や具体的行動を客観的に記述した科学的な用語ではなく，社会秩序や治安を維持するためにつくられた法律との関係で定義した法律上の用語である。したがって時代や国によって社会規範や法規範が変われば，その用語が指し示す具体的な行動も異なるという，あいまいなものである。このような定義づけを，そのまま実証科学であるべき教育心理学においても用いるなら，科学的研究は困難になる。

客観的に人間行動を記述した科学的な定義ではないということの認識が重要なのは，非行という用語が社会防衛的な視点にもとづいていて，ある種の行動に否定的な意味合いや感情を含ませたことばであるからである。この認識がないと，日常会話で否定的な意味合いを含ませて感情的に「悪い子どもたち」という意味で非行ということばを用いるのと同様に，心理学研究においても善悪の価値判断で主観的に子どもの行動を分類することになりかねない。科学としての心理学は価値判断を排除しなければならないが，特に教育心理学においてその姿勢が崩れるなら，子どもの行動理解が困難になる。

研究を大きく方向づけた定義

　この善悪の価値判断を含む非行の定義は，その原因の究明や対応のあり方を決定的なものにしている。それは「非行は悪い行いである。その悪い行動の原因は家庭か子ども自身にあるはずである」という論法で，非行の子どもに共通する欠陥と思われるものを原因として探し出すことになる。冒頭にあげた辞典の記載に「非行原因としては，かつては貧困，欠損家庭および精神薄弱や精神障害などの要因が注目された」とあるとおりである。しかしこの3条件がそろってもまったく問題のない子どももいる。逆に裕福で両親がそろい知能が高くても，非行の定義に当てはまる行動をとる者もいる。しかし，そのような事実は無視され，長い間この3条件が信じられてきた。さらに欠陥探しは，非行の本質の理解をもたらさず，逆に知的障害者や片親の子どもへの差別を助長することになった。

否定的自己像の形成

　子どもの家出は非行とされている。「家出をする子どもは親の監護に服しない悪い子である。そのような子どもには何か問題点があるはずだ」という論法で，子どもの忍耐力のなさや放浪癖などが原因とされた。この論法は同時に家庭内で子どもの心身が傷つけられているという事実を看過することになった。家の金銭を持ち出したり商店での万引きも非行とされる。やはり「人のものを盗む悪い子には何か欠陥があるはずだ」という論法で，善悪を判断する能力がないことが原因とされ，親子の愛着関係が形成されていない事実を看過してきた。さらに非行への対応も「そのような悪い子は厳しく叱らなければならない」

として叱責し,「言っただけで直らないなら罰,罰だけでだめなら体罰」というように,叱責と罰をエスカレートさせてきた。この「悪い行動だから直そう」とする大人の関わりは,すでに親子関係のなかで傷ついている子どもの心をさらに傷つけ,「自分は悪い子である」という否定的自己像を植えつけた。その自己否定感から自分の心身を傷つけるような薬物乱用・刃傷ざた・暴走行為・学業放棄などの自己否定行動がとられる。

非行を再定義する

　無視や放任を含む心身に虐待を受けた子どもは,恐怖・怒り・絶望感・屈辱・悲哀・不信といったさまざまな情動が自分ではコントロールできないほどに過剰刺激され,かつその刺激が長時間続くと,**心的外傷体験**となって心身にさまざまな障害をきたす（Post-Traumatic stress disorder：ＰＴＳＤといわれる）。とりわけ感情能力には大きな歪みが生じる。被虐待児は,社会性や倫理観などの発達が遅れたために従来「非行」とよばれ,親や教師などから罰せられたりする経験が多い。そのような周囲から否定的に関わられた子どもは,二次的に**自己否定感**をもつ。このような否定的自己像の現れとしての他者への攻撃的行動（暴力・盗み・器物破損など）や自己否定行動（過剰飲酒・早期喫煙・薬物乱用・刃傷ざたなど）が非行とよばれてきた。しかし否定的意味あいを含む「非行」というような用語は,客観的であるべき学術用語としては不適切である。

　否定的自己像をもつ少年への教育の原則は,自己肯定感をもたせることである。自分はただあるがままで十分にすばらしく尊いという意識をもたせることである。そのためには,人が乳幼児期に親またはその他の保護者から無条件に受け入れられるという関係と同様な関係をもたせ,**基本的信頼関係**を形成する営みを体験させることである。しかし現実には,「行いに非ず」として,親や教師による罰と制度的な懲戒とが繰り返されてきた。

3 機械論的説明 2 ── 仮説的方法

I 研究法

```
            ┌ 目的論的説明 → 第 4 章
原因の説明 ┤           ┌ 帰納的方法 → 第 2 章
            └ 機械論的説明 ┤         ┌ ①随伴する状況の分析
                          └ 仮説的方法 ┤ ②仮説を立てる(可能な原因の想定)
                                      └ ③仮説の検証(検査・調査・実験)
```

原因が顕在化しない場合

　帰納的方法では，研究対象の現象に伴う各種の事情を手掛かりに，その因果関係について判断する。その「伴う事情」は，学業不振児を例にすると，家庭学習時間・知能・視覚(聴覚)障害など，その子どもの教育の場で経験的に気づく事柄である。ところが，子どもを観察しても顕在化しない事柄が，学業不振の原因になっている場合もあり得る。それは，たとえば犯罪者が指紋・足跡・遺留品・目撃者などの手掛かりを何も残さないような場合に似ている。経験的に得られる情報のみを手掛かりにすれば，犯人を特定できないか，別人を犯人としてしまうかもしれない。

随伴する状況の分析

そこで，それまで原因と思われていた事情を一度棚上げして，もう一度その事例を分析する。学業不振児を例にあげると，そのテスト結果・授業態度・学校生活などの記録を分析し，その特徴を調べる。そこで次のような特徴が明らかになったとしよう。①国語では，小学3年生になるのに平仮名を正しく書けない（形態類似の「い」と「り」，「ソ」と「リ」の混同など）。②理科では，だれもが好むオルゴールの組立てキットをまったくやろうとしない。③図工では竹トンボづくりのような工作も，「友達」と題しての写生も時間がかかり，結局中断する。④体育着や給食当番の白衣に着替えるのに時間がかかる。これらは，その子どもが怠け者だからとか，忍耐力がないからとか，集団への協調性がないからなどと簡単に割り切らないで，これらの行動をもたらす原因を考える必要を示している。そうすると，①からは，類似の形態の視覚的弁別が困難なのではないかという仮定が可能である。また②〜④からは，視覚的な情報と手指の微細な動きを連動させることが困難なのではないかという仮定も可能である。

仮説と検証

まず，小学3年生になるのに平仮名を正しく書けないという事実から，その原因として想定できるのは，知能の遅れがあるかもしれないという仮定である。このような仮定を，具体的な研究や調査の目標として明確に述べたものが，**仮説**である。この例では，個別式の知能検査を実施できる相談機関に依頼して，正確な知能検査を行い，仮説を確かめる作業が**検証**である。その検証のための検査や調査は，仮説の立て方によって異なってくる。この学業不振児の例で，知能検査の結果IQ75以下であることが明らかになれば精神遅滞ということになり，学業不振との因果関係を特定できる。しかし，知能正常という結果が出た場合は，第2の仮説を立てなければならない。

第2の仮説と検証

知能が正常なのに，書字能力・描画能力・キット組立て・工作・衣類着脱

（ボタンはめや紐結び）に困難を示すのはなぜだろうか。そこに共通して求められる能力は，手先の器用さであり，対象物を見ながら自分の手指を思ったとおり動かすという視覚と運動の協調した動きである。この子どもは視覚からの情報と運動感覚からの情報を統合する能力に問題があるので，鉛筆で文字を書いたりネジをドライバーで止めたりナイフで特定の形に削ったり紐を結んだりすることに困難を示すのかもしれない。

　この第2の仮説を確かめるには，視覚と運動感覚の統合を調べる検査をしなければならない。目と手の協応動作としては，キャッチボール（目でボールの動きをとらえ，それに手指の動きをあわせてキャッチする）・縄跳び（目で縄の動きをとらえ，それに自分の跳躍を合わせる），その他お手玉や釘を金槌で打つなど，学校でも簡単にできる検査を試みることができる。さらに，相談機関に協応動作を調べる心理検査を依頼することもできるだろう。そのような心理検査としては，言語性と動作性の知能発達を表示できるWISC式知能検査やベンダー・ゲシュタルト・テストなどがあり，その遅れの程度を測定できる。

演繹によるジグソーパズルの完成

　この例の学業不振児には，たしかに視覚と運動感覚の協応に困難のあることが確認されたとすると，それは，この子どもについて疑問として残っていたいろいろな行動を一挙に説明するものとなる。協応動作の未熟が，書字や描画の困難や道具使用の困難をもたらしていたこと。それで，この子どものノートは何を書いたかわからないように乱雑だったこと，絵画や工作も試行錯誤のすえ完成できなかったこと，さらに，怠けてやろうとしないと思われていた体育の球技への参加の拒否や，ラジオ体操を覚えていないことも，この仮説で説明がつく。

　さらに，学業不振とは一見関係のないような給食の時間の出来事，たとえば行儀が悪いからと思われていた食器を落としたり食べ物をこぼしたりすることにも，協応動作に困難があるという仮説を当てはめると説明ができることがわかる。このように，検証された仮説が，最初は一見関係なさそうに見える周辺の現象もみごとに一貫して説明するものであることに気づくことがある。このように，仮説を「周辺の現象にも当てはめる」ことを**演繹**という。この演繹により，ちょうどジグソーパズルの各断片が納まるべきところに納まるように，一連の現象を体系的に秩序づけて理解することができる。

Ⅱ　エクササイズ

課　題

次の記録は、学業不振の子ども（小学3年・男）の概略である。

（1）この資料から、学業不振の原因として考えうる事柄を仮説として可能な限りたくさん考える。

（2）さらにその仮説を確かめるための方法も考える。環境的な条件と子どもの素因（環境の影響ではない生来の素質）に大きく分けて考えると整理しやすいだろう。

子どもの状況（担任教師の記録）
学習の記録　　全般的に学力は劣っているが、特に文字に対する能力が低い。漢字はごくやさしいものだけ読み書きできるが、少し難しいものはかなり練習しても覚えることができない。平仮名は読めるが、文として読むことはできず、一字一字の拾い読みになってしまう。文章は、同じ音の助詞の「お・を」、「わ・は」、「え・へ」の区別ができない。また、拗音・促音・長音を正しく綴れず、救急車は「きゅきゅしゃ」、学校は「がこう」、ラーメンは「ラメン」になる。漢字練習はやらせるのだが、練習したわりには正確に覚えられない。算数は思考を要する問題はできないが、基本的な計算はできる。
学校生活の記録　　温厚で誠実なので級友たちから親しまれる。身の回りの整理整頓をはじめ基本的な生活習慣はしっかり身についている。集団への適応が十分なされているため登校をいやがることもなく、友達は限られた数人だが、仲良く元気に遊ぶことができる。係の仕事や当番の仕事など学校の日常生活においては、他の児童と同じように行動できる。 　運動面ではスポーツ嫌いであり、疾走・ボール投げ・鉄棒などは全身に力が入らないかのようにできない。水泳も手足を無秩序に動かして浮くだけで、歩き方もしっかり歩いていないようである。

3　機械論的説明2——仮説的方法　29

〔回答欄〕

可能な仮説（複数）	仮説を確かめるための方法

回答例

(1) 主な仮説

与えられた資料から，主に，①家庭環境の問題，②知能の遅れ，③知能以外の何らかの中枢神経系の発達の遅れ，④聴覚の障害などを疑うことができる。

(2) 仮説を確かめるための方法

可能な仮説（複数）	仮説を確かめるための方法
家庭環境の問題	家族間の不和，子どもへの拒否感情，さらに虐待（身体的のみならず心理的なものや放任も含め）など，子どもを情緒不安定にする環境を調査する。
知能の遅れ	個別知能検査および社会生活能力検査を実施する。さらに生育歴を保護者から聞いて，幼児期に発達の遅れはなかったかを明らかにする。
知能以外の何らかの中枢神経系の発達の遅れ（すなわち学習障害の疑い）	個別知能検査の結果がおよそ正常範囲であるのに学業成績が著しく劣る場合は，基礎学力を調べる。そこから計算障害や書字障害を伴う特異的発達障害の存在が明らかになることもある。 運動能力についても，主に協調運動が障害されているかを調べる。手と足の動きの協調を調べるには縄跳びが便利である。目（視覚）と手（運動）の協調を調べるにはキャッチボールをしてみるとよい。その他，箸やハサミを使わせたりボタンはめをさせると，手指の巧緻性がわかる。

| 聴覚の障害 | 精確な聴力検査を実施して難聴の有無を確かめる。学校内で聴力検査器（オージオメーター）による検査ができない場合は，聾学校に依頼する。ことばの発音が幼児語のように不正確な場合，難聴の可能性がある。 |

III　再定義

学業不振（児）の再定義

文献に見る学業不振（児）の定義

　学業不振は教育心理学では以前から問題にされていたが，比較的新しい事典には次のように記載されている。

　「標準学力検査と知能検査を実施し，成就値（学力偏差値－知能偏差値）が－10以下の者を学業不振児ときめる」（『心理臨床大事典』1992年，培風館）

　この定義に用いられる学力偏差値と知能偏差値は，能力の限られた一側面を測定し，それを他人との比較で表した数値である。それら抽象的な数値のさらにその差を成就値と名づけ，その任意に定めた値（－10以下）を示す状態を学業不振と定義している。
　この定義のもとでは，もし知能検査も学力も同じように低い偏差値を示し成就値が－10以下にならない場合は，問題にされない。ということは，仮に子どもが難聴のような学力検査にも知能検査にも大きく影響する事情を教師には気づかれず，抱えていたとしても，それは潜在したままになる。さらに，知能は正常な子どもでも，学校の教科の学習には興味を感じない子どもや，その勉強に意義を見いだせないために学力検査の結果が悪い子どもは，「興味をもてないのはおかしい」「いやでも勉強するべきである」として学業不振児とされる。それは，この学業不振という用語が，学業成績がよいかどうかということのみ

を問題にし，子どもの心身の状態を理解するための資料とすることを目的にしていないことを意味している。

学力中心主義にもとづく偏見と非科学性

多くの文献が学業不振の原因を個人的要因・家庭的要因・学校環境要因・社会環境要因などに分け，それぞれをさらに細分類して多くの事柄を記載している。先の『心理臨床大事典』の記載からいくつか例をあげると，個人的要因のなかの身体的障害には言語障害・肢体不自由などがあげられ，「学習の妨げになる」とある。また同じ個人的要因のなかには学習興味がないことや学習習慣が身についていないことがあげられ，「子どもが学習に興味がないと学業不振の原因となる」とか「予習復習をしないことや勉強時間不足では学力向上は望めない」などと記載されている。これらの記載は，子どもを学業する存在としてしかとらえておらず，その結果個人の身体的事情を，生きていく上でのハンディキャップとしてではなく，学習を妨害するかどうかという視点でのみとらえている。さらに学業に興味をもてない子どももいるという当然の事実も，直すべきものとして問題にすることになる。

同じ『心理臨床大事典』には「両親が子どもの学習に無関心であれば学習意欲を失う」「欠損家庭とか経済的不安定から家庭に落ち着きがないと子どもは学業不振になりやすい」「勉強机，勉強部屋などの設備などがないと学業不振の原因になる」などと，家庭を子どもの勉強を中心に生活を営むところとしてとらえている。その欠損家庭という表現にも，さらには単親家庭や経済的に不安定な家庭を学業不振と結びつけるところにも，非科学性のみならず差別感が現れている。そこには両親がそろい，経済的にも安定し，親は子どもの学業に熱心で，子どもは心身の障害がなく自分の部屋をもち，家庭学習を習慣とするという勉強中心の価値観がある。同時にそれは，その価値観から外れる子どもや家庭を学業不振と結びつける偏見がうかがわれ，学問とは言いがたい記述である。その対策も，「基礎的な学習に重点をおき，その遅れをとりもどすようにする」とか「学習習慣や学習法が不適切な場合は，個別指導したりして治療する」などと，さらなる指導や治療の対象とされ，子どもは勉強に釘付けされる結果となる。

学業不振を再定義する

　本来子どもの学び方には個人差があり，徒競走の結果が遅いからといって問題にしないでその子どもの個性の一つとして認めるのと同じように，受容すべきことである。ただし，学力の偏差値（第6章参照）がおよそ40以下の場合は，その事情を明らかにしておくことが必要である。学力の遅れの原因は，伝統的に努力を重視する学校的価値観にもとづいて，家庭での勉強時間が少ないとか，努力がたりないことが原因とされ，そのような環境を与えられない家庭がたまたま片親であったり経済的に豊かでないことまで問題にされてきたことは，先の文献で見たとおりである。しかし，算数や国語を，整った教材を用いて毎日のように学ぶ現在の日本の学校教育のもとで，小学校3～4年間に正しい文章の読み書きや四則計算ができなければ，それは環境の問題ではなく，子どもの何らかの障害を考えてみなければならない。その主なものは知的障害あるいは部分的な発達障害（主に感覚統合の障害で，学校教育では学習障害とよばれる）であるが，軽度の難聴が見逃されていることも多い。従来はこのような障害の可能性を考慮することもなく，したがって正確な検査もせずに，アンダーアチーバーなどとよんで子どもの努力不足のせいにし，発達障害は放置されてきた。

4 目的論的説明

I 研究法

```
原因の説明 ┬ 機械論的説明（要素主義的・分析的方法）→ 第2・3章
         │   mechanical explanation
         └ 目的論的説明（全体的・了解的方法）
             teleological explanation
```

機械論的説明の限界

　科学的な研究とは，記述された特殊な事実をもとに普遍的法則または原理を発見し，その特殊な事実のよって立つ理由または根拠を明らかにする作業である。この作業が**説明**であり，説明を目的とする科学は現象を記述することだけにとどまる**記述科学**に対して，**説明科学**という。物理学や化学がその代表である。この説明は，宇宙一切の現象を原因と結果の必然的関係として機械論的に説明しようとするものであり，**因果論**ともよばれる。

　人間行動も因果論で説明できるだろうか。次の例を考えてみよう。子どもは度重なる罰を受けると，「自分は悪い子である」という自己否定感をもつようになる。その自己否定感の現れとして，万引きや暴力行為というような非行とよばれる行動をするようになるかもしれない。非行という行動は，さらに懲戒・補導・親の罰をとおして少年の自己否定感を強化する。このような状況において，非行と罰（補導・懲戒）のどちらを原因とよび結果とよぶべきだろうか。

　じつは，私たちは，複雑で多義的な人間存在のなかから，「非行と罰（懲戒）」

というような一対の現象を要素として取り出し，その時々で一方を原因とよび他方を結果とよんでいるにすぎない。ある現象がもともと原因として存在し，もう一つの現象をその結果としてもたらすという絶対的な関係があるわけではなく，原因と結果は相対的な（入れ代わることができる）関係にあるといえる。このような要素主義的な二元論は，他にも「個人と集団・遺伝と環境・正常と異常」など，二つの要素に分離する議論にも見られる。

　もし仮に人間行動を因果論で説明できたとしても，その原因とされるものの多くは行為者の能力や性格などの要素である。特に問題行動の説明の場合は，能力に問題があると見れば知的障害が，性格に問題があると見れば偏った性格が原因として取り出される。たとえば「盗みの原因は善悪判断のできない低知能である」というように，恣意的に原因が選択される。このような因果関係が必ずしも正しくないことは，知能の高い人が盗みをしないとはいえないことからも明らかである。

目的論的説明と人間観

　このような恣意的な因果的説明になるのは，じつは人間を機械とみなし，問いかけが「何が原因か」というように，自動車が故障したときにその原因を想定するように，原因となるものの存在を最初から想定しているからである。もし人間を目的をもって主体的に生きる存在であると見るならば，非行やいじめの説明を求めるためには「人は何のために非行（いじめ）をするのか」という問いかけとなる。そうすると「虐待が非行の原因である」という機械論的説明に代わって，たとえば「少年が幼児期に受けた虐待で蓄積された攻撃性を発散するため」という，目的による説明が可能になる。先の因果関係による機械論的説明に対して，こういう説明を**目的論的説明**（または**了解による説明**）という。

　人の行動は，因果の必然的関係によって引き起こされたり消滅したりするように見ることもできるし，行動主体の意図・目的から説明することもできる。たとえばある生徒が居眠りをして教師に叱責された直後に教室を跳び出したとすれば，叱責という刺激（誘因）とこの生徒の反発しやすい性格という要素で因果関係を説明する機械論的説明が可能である。またこのように刺激や要素を分析せず，「教師に反発を示すため」という行為者の目的による了解的・目的論的説明も可能である。この二つの説明は，**人間観**と直結している。人間を精

密な機械であるとみる機械論的人間観をもつ者は，人間行動も因果関係で説明しようとする，そのよい例が行動主義心理学である。反対に人間は環境や過去の出来事に支配されるだけではなく，未来をも視野に入れた時間の流れのなかで目的を追求しながら主体的に生きる統一体であるという人間観をもつ者は，人間行動を目的論的説明で理解しようとする。

究極目的

教室を跳び出した生徒の行動を「教師の叱責に反発を示すため」とする目的論的説明に対しては，さらに「何のために反発を示そうとするのか」という疑問が残る。この疑問に対して，たとえば「人間は自尊心（または主体性）をもって生きていこうとするため」というような説明ができる。このような，人間という存在の本質的あり方と結びついた目的を，**究極目的**という。たとえば中学生が体の不調のため保健室に寄ったり嘔吐のためトイレに寄ったりして遅刻をしたところ，「トイレにそんなに時間はかからないでしょう」などと何度も教師に叱責され，教師を刺殺した，という出来事の説明を考えよう。精神科医の多くは，その生徒は何らかの精神疾患に罹患し，異常な状態にあったという機械論的説明をするかもしれない。だがそういう説明とは別に，「保健室に行ったり嘔吐したりして遅刻したという生きた人間として当然の行為を強く叱責され，人間としての自尊心を傷つけられたから」という，究極目的による説明も可能である。

了解（理解）と研究者の感性

機械論的説明のよい例は，診断基準と照合して「妄想はあるか，幻聴はあるか，幻覚はあるか」などをチェックし，いくつ当てはまるからたとえば分裂病であるなどと診断し，「病気だから暴力に及んだ」とする理解である。自然科学は本来この症状のような要素に分析する方法を用い，心理学もこれを見習おうとしてきた。しかし，統一体としての人間の理解のためには，目的論的説明を必要とする。そのためには，当事者の具体的な行動を追体験し，さらに感情移入し，同じ生きた人間としてその行動の意図を了解することが必要である。研究者は豊かな人間理解の感性を必要とし，それがないと精神医学が分裂病を了解不能としたごとく，研究者には了解不能となる。そして了解不能な行動に

出会うと短絡的行動・衝動的行動・不適応行動などとして処罰の対象にすることになる。それではもはや学問とはいえない。

II エクササイズ

課題1

（1）非行の原因についての目的論的説明を考える。すなわち、「何が非行の要因か」という設問ではなく、「なぜ子どもたちは非行をしようとするのか」という設問を立て、それに答える。

（2）非行の原因論において、機械論的説明と比べて目的論的説明にはどのような特徴があるだろうか、（1）の答えにもとづいて考える。

課題2

（1）国立教育研究所は学級崩壊の全国調査の結果を1999年9月に発表した。その報告のなかで、「学級がうまく機能しない状況」と判断された102学級の事例を、その原因によって次の10の類型に分けた（カッコ内は学級数）。このなかで目的論的説明に近い見方はどれか。さらに目的論的説明と比較して、機械論的説明の問題点は何かを考える。

①教師の学級経営が柔軟性を欠いている（74）
②授業の内容と方法に不満をもつ子どもがいる（65）
③いじめなどの問題行動への適切な対応が遅れた（38）
④校長のリーダーシップや校内の連携・協力が確立していない（30）
⑤学校と家庭などの対話が不十分で信頼関係が築けず対応が遅れた（27）
⑥特別な教育的配慮や支援を必要とする子どもがいる（26）
⑦必要な養育を受けていない子どもがいる（21）
⑧校内での研究や実践の成果が学校全体で生かされなかった（16）
⑨家庭のしつけや学校の対応に問題があった（14）
⑩就学前教育との連携・協力が不足している（11）

（２）学級崩壊の目的論的説明を考える。すなわち，「学級崩壊の要因は何か」という設問ではなく，「教室で授業を聞かずに立ち歩く子どもたちや教師に直接ことばや行動で反抗する子どもたちが，何を訴えようとしているのか」という設問にして答える。

回答例

課題1について

（１）教育心理学の授業のなかで2人の学生が実際に書いた目的論的説明の例をあげる。

〔学生A〕
①親に自分を見てもらいたいから，注目を引くために大きな行動をとる。
②遊んでいる方が楽しいから。（仲間と遊びたいから）
③仲間の結束を大切にするため。
④親とけんかばかりしていて，家にいたくないから。
⑤親があてにならないから，自分で物を盗んで手に入れる。
⑥同じ考えを共有できる仲間と行動したいから。
⑦ストレスを発散しようとしている。

了解心理学の始祖ディルタイ →
了解を精神科学の基本的な方法として確立したのはドイツの哲学者ディルタイ（W. Dilthey, 1833〜1911）である。ヴントが自然科学の方法を用い精神現象を要素に還元して説明したのに対し，彼は「自然を説明し，精神を了解する」という人間研究の独自の方法論を示した。
（出所：『心理学辞典』1981年，誠信書房）

〔学生B〕
　①自分を認めてくれる人（集団）を求めたとき，それが非行グループだった。
　②話の合う仲間を求めて仲間入りしたら，それが非行グループだった。
　③教師に対する暴力も，自分の怒りの感情や状況を訴えたいから。

　（2）機械論的説明と比較して，目的論的説明は子どもやその家族を否定的な感情で見ていない。そのため対象となる子どもを叱ったり罰したりという従来の対応以外の対策を，科学的研究の姿勢を維持しながら考えることができる。学生の回答例をあげると，次のとおりである。

　①「テレビやマンガの影響を受けた」という機械論的説明のように，子どもを受け身的で「弱い存在」として見ることがない。
　②「親から社会の常識を教えてもらっていないから」という機械論的説明のように，子どもやその家族を「劣る者」や「悪い者」として見る予断がないので客観的といえる。

課題2について

　（1）目的論的見方に近いのは，唯一「②授業の内容と方法に不満をもつ子どもがいる」という「子どもの不満の表明」の分類である。他はすべて学校か家庭か子どものなかの何らかの問題点を指摘する機械論的説明である。このように目的論的説明は用いられず，さらに究極目的を問題にされることはない。機械論的説明の問題点は，子どもだけを問題にしたり就学前の自由保育を原因とするように，研究者の教育観や人間観によりまったく異なった原因論になることである。

　（2）学級崩壊の目的論的説明では，「子どもは主体的に生きる存在である」という子ども観のもとで，次のような目的論的説明が可能になる。

　①受動的な学校生活のなかで，主体的に行動しようとしている現れである。
　②授業の内容をなぜ自分たちは学ばなければならないのか，それを学ぶことにどのような意義があるのか理解できないと訴える行動である。

III　再定義

学級崩壊の再定義

文献に見る学級崩壊の定義

　教育関係や心理学関係の辞典には，学級崩壊という用語は現在のところまだ記載されていない。しかし教育関係の雑誌などではさかんに学級崩壊を特集しており，そのなかに各論文の著者ごとの定義を見ることができる。ある雑誌の記載から例をあげると，「学級崩壊とは学級のもつ日常的機能（生活・学習機能）の不全・解体状態をいう」とか「学級崩壊とは，教師が学級内の秩序を維持できなくなった状態」あるいは「小学校の学級担任制において，子どもの問題行動としての妨害行動によって，授業が成立しない状況をさす」などと記述されている（『教育と医学：特集・学級崩壊』1999年10月号，慶應義塾大学出版会）。また同じ雑誌のなかの他の論文には，「集団になじめない子どもたちの逸脱行動とその行動を制止することのできない雰囲気を基調とする他の子どもたちの同調行動によって成立している」というものまで，さまざまである。
　これらの定義に共通した特徴は，「機能不全・解体状態」「秩序の混乱」「妨害行動」「逸脱行動」などの記述からわかるように，学級崩壊を困った現象であり，なくさなければならない無意味な現象であると，否定的な意味合いで定義していることである。

学級崩壊の機械論的説明

　このように学級崩壊を「困った現象であり，なくすべき無意味な現象」であると否定的に認識する限り，その原因の説明は現象のなかから犯人を探すという機械論的説明になる。すなわち学級崩壊とされる状況を構成している教師と子ども，およびそれぞれの背景となる学校と家庭の四者のなかに何らかの欠点を探し出し，それを原因であるとする論法になる。たとえば前掲の雑誌のある論文は，「学級崩壊の背景」として「社会の変化に伴う子どもの変化を理解しないまま不適切な対応を行い，しかもコントロールできなくなった状態を表に

出さず抱え込み，そのあげく崩壊にまで至ってしまう」と子どもと教師の両者を犯人にしている。ここでいう子どもの変化とは「生意気な，よく言えば一人前の顔をした社会性の欠如した子ども」であるというように，科学的研究では避けなければならない感情を含む表現で，その犯人をあげている。

このように，学級崩壊を「機能不全・解体状態・秩序の混乱・妨害行動・逸脱行動」と否定的にとらえ，特に子どもを犯人とする機械論的説明は他にも多い。たとえば「やりたくないことはやらなくてもいいといった個性尊重の理念の下でわがままに育った子ども」「過保護・放任の家庭の下でしつけされていない子ども」「就学前の自由保育の下で我慢できない子ども」など，子どもとその背景にあると思われる幼児期のしつけや保育も含めて，論者により何でも犯人にされる。このような機械論的説明の前提には，「子どもはどんなことでも教師の言うことを聞くべきで，いやでも我慢して指示に従うべきである」という子ども観がある。したがって学級崩壊に対しては，叱責や体罰などの力で押さえ込もうとする。

学級崩壊の目的論的説明

前掲の雑誌のなかには，「子どもは深い学びを求めている」という見出しで論じた小学校教諭の目的論的説明がある。それはまさに「教室で授業を聞かずに立ち歩く子どもたちが何を訴えようとしているのか」という設問に答える，次のような記述である。

　「荒れていて一見学習意欲を感じられないような子どもすら，深い学びを求めている。彼らが拒否しているのは，意味のわからないことを機械的にただ覚えたり，苦役感だけが残るような学習なのである。物事の関連が分かったり，自然や社会や人間について深く学ぶ学習，物事のルーツがわかるような学習にはむしろ飢えている。五感をフルに使い，推理や創造を働かせて，皆の知恵で本質に迫るような発見のある学習には，ものすごく意欲を発揮する」(『教育と医学』1999年10月号，慶應義塾大学出版会所収，今泉博「学級崩壊からの脱出」)

　「現代の子どもたちは低学年から何のために学ぶのかという，本質的な問いを抱いている。その問いに応えるような授業・学習が求められているの

だ」(同上)

学級崩壊の意義

人間を主体的に生きる存在であるという人間観と子どもを肯定的に見る子ども観のもとでは，一見して意味のない異常な事態のように見える現象にも意義を見いだす。先の例の小学校教諭の論文は，次のように結んでいる。

「子どもたちの荒れそのものの中に，これからの授業や学校の未来像が，萌芽として内包されている。その意味で学級崩壊の広がりは，学校再生の重要な契機となりうる。荒れている子どもの声や姿から，何を読み取るかが教師に問われている」(同上)

学級崩壊を否定的に見れば，監視の強化や体罰などの力で押さえ込み，それをなくす工夫がとられる。その結果二次的に校内暴力を生み，子どもの方が逮捕されることもある。しかし学級崩壊にもやはり意義があり，それは旧い教師の権威主義と新しい主体性を求める子どもの教師生徒関係の対立・矛盾であり，次の段階へと変革する胎動である。

学級崩壊を再定義する

教室で観察される，①授業中席に着いていないで立ち歩いたり教室から出る，②授業中私語や授業と関係のないことをする，③教科書やノートなど出さず教師の指示に従わないなどの子どもの行動のため，教師が授業できなくなる状態を学級崩壊とよんでいる。

これらの行動には，伝統的に子どもが従ってきた意味のわからないことを機械的に覚える学習の拒否という意味がある。それは同時に教師というだけで持ち得た権威の終焉をも意味する。自然や社会や人間などの関連について深く学ぶ学習，物事のルーツがわかるような学習，五感をフルに使い推理や創造を働かせて本質に迫るような発見のある学習を求めて，子どもが主体性を回復しようとする現れが学級崩壊である。しかし現実には学級崩壊を否定的に見て，監視の強化や体罰などの力で押さえ込み，それをなくす工夫がとられる。その結果二次的に，中学校では校内暴力が生まれている。

5 現象の記述1 ── 文章化

I 研究法

現象の記述 ┬ 文章化 ┬ 具体性
          │   └ 客観性
          └ 数量化 → 第6章

記述の具体性

　現象や行動を説明するためには，まずそれを**観察**しなければならない。観察とは，対象に介入することなく，見，聞き，また場合によっては他の感覚も動員して，それを認識しようとすることである。しかしそうして得られる認識は，客観的現実そのものではない。観察者の視点というフィルターにかけられて抽象された情報なのである。たとえば太郎という個人も，観察者の視点（主観）によって，活発な男子生徒と見られたり，多動で落ち着きのない男子生徒と見られたりする。

　このように，観察には観察者の主観を免れないが，科学的研究のためには可能な限り客観的であることが求められる。客観性の用件は，「だれでも同じ観察結果が得られる」ということであり，**実証可能性**ともいう。そのためには，記録をできるだけ具体的にすることが求められる。たとえば，「落ち着きがない男子生徒」という記述は抽象的であるが，「授業時間内に5回離席した」と記録すれば具体性があり，観察者の主観によらず普遍性がある。自然科学は，

この実証可能な記述法を最も発達させた。たとえば対象を「25cm×30cm×90cmの直方体」や「気温28℃・湿度65%・気圧1013mbの気象状況」などと，ものさしや測定器具を用いて測定し，数値で記述する。しかし人間行動の多くはこのようなものさしがなく，数値化もしにくいから，主に文章で記述される。しかしことばは科学的研究に向くようにはできていないので，次のような注意が必要である。

記述の客観性

観察の客観性のためには，観察した事実以外のことを推論して記述してはならない。たとえば教師による報告の「教師が生徒を注意したら，その生徒は教師に対して興奮し暴力を振るった」という記述は一見客観的事実のように思われるが，そうではない。実際に観察された事実のみを記述した例をあげると，たとえば次のようになる。

「生徒が授業開始より5分遅れて教室に入ると，教師は突然『おい！今まで何やってたんだ！』と大声で言った。生徒はそのまま下を向いて立ちつくした。教師は再び『遅刻をしたら何て言って謝るんだ！』と大きな声で言って生徒の額を指で押した。その教師の手を生徒は強く横に払いのけた。その瞬間生徒の手は教師の顔にも接触した。」

先の教師による報告を事実に沿って分析すると，「教師が生徒に注意した」という表現は「教師が大きな声で生徒に○○と言った」という事実からの推論であり，「興奮し暴力を振るった」は「指で生徒の額を押し顔を上げさせようとする教師の手を払いのけた」という事実からの推論である。記録者自身の主観的な肯定・否定あるいは好き嫌いの主観の表現を，**判断**という。教師が問題とする子どもを語るときの「彼は問題児だ」，「彼は善悪の判断がつかない」などは，いずれも判断を含む。このような記述は，観察の対象になった生徒についての事実を示しているとはいえず，観察者の被観察者に対する感情を語っているといえる。いずれにしても，私たちの他者に対する観察には抽象作用と主観的な意味づけが自動的に伴われてしまうので，絶対的に正しい観察はあり得ないことを知りつつ観察し記録するべきである。

Ⅱ エクササイズ

課題1

1グループ4〜5人の班をつくり，以下の1〜4の作業をする。

（1）下のテスト図版が「何の絵であるか」についての客観的記述を試みる。なお客観的とは，「だれが見てももっともだと思われるような立場で物事を考える態度」あるいは「特定の個人的主観の考え方や評価から独立で，普遍性をもつこと」とここでは定義する。
（2）班員の回答を比較し，違いを明らかにする。
（3）班員の記録のうち，どの記録が最も客観的であるかを班員で話し合う。
（4）完全に客観的な記録とはどのようなものかを話し合う。

〔テスト図版〕

課題2

（1）次の記録は，学級担任が教育相談所に相談するために書いたある児童の概要である。記録を読み，自分なりにいだいたこの児童の印象をメモする。

【児童の概要】
〔児童〕
　　名前：S・Y（男）　　　　年齢：7歳（小1）

〔相談事項・問題点〕
・一斉学習には能力的についていくのに無理がある。
・多動で授業中教室を出ていき，水道で遊んだり廊下でいたずらをするなどする。
・友達に乱暴する（なぐる，ける，縄を首にかけて引っ張る，髪の毛をハサミで切る）。

〔児童・生徒の状況〕
・授業中，教室を出ていき遊んでいる。
・給食の品物を隠してしまうなどいたずらをすることもたびたびある。
・友達に対して乱暴したり，いじわるをすることがある。
・強く注意されると，自分のやったことを否定し，謝らない。

〔学級担任の判断・意見等〕
・普通学級では無理だと思われる。

（2）次の各表現は，字義どおり受け取ると，小学1年生には見られにくい行為である。それは，この表現が正確性を欠き，児童の行為を正しく再現できていないことを意味する。そこで相談員として具体的事実や状況を把握するために，記録者である担任にどのような質問をしなければならないか。

①なぐる・ける　　②縄を首にかけて引っ張る
③髪の毛をハサミで切る　④給食の品物を隠す

（3）次の各表現は推論と判断（否定的な感情表現）を含んでいる。推論と

人間性心理学の代表者マスロー →

　心理学はその人間観により3つの潮流に分けられる。人間機械論にもとづき外的刺激と反応の因果関係で説明をするのが行動主義心理学である。無意識に抑圧された衝動との因果関係で人間行動を説明するのが精神分析である。このような方法では人間の本質は理解できないとして，「今ここ」にいるありのままの個人に共感する方法で理解する第三の立場が人間性心理学であり，その代表者がマスロー（A.H. Maslow, 1908～70）である。

判断を避け，具体的に記述するとすれば，たとえばどのような記述があり得るか，一例を書く。

　　　　①水道で遊んでいる　　　②廊下でいたずらをする
　　　　③友達に乱暴する　　　　④自分のやったことを否定する

（4）この「児童の概要」の記録内容には偏りがないかどうか，もしあるとすればそれはどのような偏りかを考える。

（5）もしこの「児童の概要」の記録内容にも記録方法にも相談員が何ら問題を感じないですべて事実として了解してしまった場合，ある特定の結論に導かれるが，それはどのような結論だろうか。

回答例

課題1について

（1）学生の回答
　教育心理学の授業に参加した学生の回答を，客観的・やや客観的・主観的に分類して示すと，以下のとおりである。

	客観的	やや客観的	主観的
回答例	・座っている人を背後から見た図 ・人が箱のような物の前に座っている	・人がテレビを見てるかパソコンをしている ・人が座って画面を見ている	・若い男の人がソファーに腰掛けてテレビを見ている ・太った男がテレビゲームをしている

（2）班員の回答の比較
　上の個人ごとの回答例で示した「客観的」な回答例は少なく，ほとんどが「やや客観的」か「主観的」なものであった。特に主観的な回答をした者のなかには，このテスト図版の「本当の答えは何か」を議論する者もいた。

（3）どの記録が最も客観的であるかを班員で話し合う。

「この人が男か女かわからないはずだ」とか「この人が本を読んでいるかもしれないし，眠っているかもしれないのだから何をしているかは言えない」という意見が聞かれた。そのようなあいまいなことは，書かないのが客観的であるという班が多かった。

（4）完全に客観的な記録とはどのようなものか。

この問いに答えるには「私たちが何かを見て意識するということはそれ自体が主観的なはたらきでもある。意識は入力された情報の単なる反射ではなく，それらを再構成して，意味あるものにまとめ上げることだからである。したがって記録を書くということから主観を排除することはできない」ということを知っている必要がある。この意味で，「完全に客観的な記録」というものはない。

課題2について

（1）省略

担任の記録した
指導要録の所見 →

「かなりのチョロスケである」「かなりうるさいことにまで口をはさむ母親」などの記述は記録者の判断によるものであり，しかも否定的な感情を含む主観にもとづく記述である。このような判断を避け，その判断のもとになった事実のみを記述しなければならない。

小学校5年生の子どもの学級担任の記録。記録者の感情がそのまま表現されている。

（2）記録を正確にするための質問

不正確な表現	正確にするための質問
なぐる・ける	突然理由もなく殴ったり蹴ったりしたのか。突然でなければどのような相手と，どのようなやりとりのなかで起きたのか
縄を首にかけて引っ張る	出来事を担任が直接見たのか，もし見たのなら，その流れを詳しく聞きたい。実際やれば相手の子に被害が出るはずだが，どんな被害か
髪の毛をハサミで切る	だれの髪を，どんなふうに，どのくらい切ったか。むりやり抑えて相手がいやがるのを切ったのか（頼まれて切ることもあり得る）
給食の品物を隠す	品物とは何か・いつ，どこに，どのように隠したのか

（3）具体的記述の一例

「遊んでいる」「いたずらをする」などは観察者の主観であることに注意する。

推論を含んだ表現	具体的記述の一例
水道で遊んでいる	教室に入らないで，10分以上も手を洗っている
廊下でいたずらをする	教室に入らないで，廊下を行ったり来たりしている
友達に乱暴する	言い争いになったとき，相手の胸を押したら相手は倒れた
自分のやったことを否定する	体をこわばらせ下を向いたまま動かなくなる

（4）内容の偏り

欠点や問題点だけをあげている偏った内容である。他の子どもと同じようにできることもあるはずであるが，それらは一切書かれていない。

（5）相談員が導かれるだろう結論
特殊学級に入級させるべきであるという結論になる可能性が高い。

Ⅲ　再定義

指導要録の再定義

文献に見る指導要録の定義

　指導要録は学校教育法に規定する児童・生徒の学習および健康の状況を記録した書類の原本である。この指導要録についてある辞典には次のように記載されている。

　「指導要録は，児童生徒の学籍ならびに指導の過程および結果の要約を記録し，指導と外部に対する証明などに役立たせる原簿としての性格を持つ。外に対しては証明的な目的を持ち，内に対しては発達や学習の状況を記録するとともに，児童生徒の移り変わりを伝えるものとして長期の指導に役立たせる目的を持つ。これに記録される内容は，学籍，出欠，各教科の学習，特別活動，行動および性格，標準検査，進路に関する記録である」（『心理学中辞典』1990年，北大路書房）（抜粋）

　この指導要録の他にも，学校教育において教師は日常の指導記録や通信簿に性格・行動の評価を書く。ところでこれらの記録の記述において正確性・客観性・具体性が重要であるが，上記の辞典のなかでも，記述の方法や重要性に関してはまったく言及されていない。また教員養成課程においても，子どもの行動の記録に関する学習の機会はない。したがって，その記録はまったく教師の個人的な記述能力に依存している。公文書の公開が進むとともに，教師個人の主観による記載が問題にされるようになっている。

教育改革は記録の書き方から

　看護婦などの医療従事者の養成課程では，かなりの時間が記録の書き方に費やされている。それは医療が自然科学である医学を基礎としていることもあるが，一つのカルテを複数の職種，同一職種の者でも交代勤務などで複数の者が共有するので，記録法の共通性・一貫性が求められるという現実もある。その記録法は，患者の問題解決に向けて医療スタッフが統合的に機能するという意味の Problem Oriented System を略して，ＰＯＳ（ピーオーエス）とよばれている。看護記録の記述には，主に体温・脈拍・血圧など客観性のあるバイタルサインの測定値の他にも食欲の記述などがあり，その場合も患者の主観（「まだ食欲が出ません」など）と記録者の観察（たとえば残した食事の量の記録）が明確に分けて記載される。

　このような看護記録と比べて，教育・保育現場の記録は大部分が文章による表現であり，しかもそこには「わがまま・怠学・学校嫌い・逸脱行動」など，

↑ **ＰＯＳによる看護記録の例**

患者の抱える問題（順に＃1，＃2…と番号を付ける）ごとに，患者自身の訴え・看護者の客観的観察・その評価・評価にもとづく看護計画をそれぞれ S（subjective data 主観的情報），O（objective data 客観的情報），A（assessment 分析），P（plan 計画および実施）として記録する。「＃6」はこの患者の抱える問題のうち，6番目の食欲不振を指している。

その行為を否定的に見る主観的用語が多い。さらに記録者の主観と，子どもに関する客観的事実が区別されないで記述される。たとえば「子どもたちの食生活が乱れている」という記録は，一見客観的な記録に見える。しかし「乱れている」という表現には記録者の主観が含まれている。客観性をもたせるには「朝食を食べない子が1学級30人中9人いる」などと記述するべきである。同様に「短絡的行動」とか「衝動的行動」という表現も，一見その行為者があたかも短絡的・衝動的であるかのように読まれてしまう。じつはその行為についての記録者の理解が及ばないときに，自分の理解力不足に気づかず行為者の異常性のせいにしている表現である。

指導要録を再定義する

指導要録は，児童・生徒の学籍ならびに指導の過程などを記録し，校内における指導と外部に対する証明などに役立たせる原簿である。特に校内における教育の過程では，発達や学習の状況を記録するとともに，児童・生徒の移り変わりを伝えるものとして長期の指導に役立たせるという目的をもつ。これに記録される内容は，学籍・出欠・各教科の学習・特別活動・行動および性格・標準検査および進路に関する記録である。

特に行動および性格の記録を子どもの指導や指導のあり方の検討に役立たせるためには，正確性・具体性および客観性のある文章で記載しなければならない。そのためには，記録者自身が記録される子どもに対して抱いている感情を意識化し，記録者の主観と客観的な事実とを明確に区別しなければならない。子どもの行動を記述する用語には特別の意味合いを含むものが多く，次の例1〜3にあげるような表現を用いる際には，それが感情的な意味合いを含むことを記録者は認識しなければなない。

【例1：行動に善悪の判断を含ませた表現】

意味	物をとる	性に関心をもつ	家に帰らない	学校に行かない
表現	万引き 盗癖 窃盗	不純異性交遊 性的に早熟 性非行	家出 無断外泊 放浪癖	怠学 学校嫌い 登校拒否（症）

5　現象の記述 1――文章化

【例2：集団に合わせない行動に否定的意味合いをもたせた表現】

意味	同一行動をとらない	集団になじまない	教師の指示に従わない子
表現	反社会的行動 逸脱行動 自己中心的行動	非社会（非社交）的 集団（学校）不適応 不適応行動	目立ちたがり屋 手のかかる子 トラブルメーカー

【例3：社会通念に従わない者に対する否定的な意味合いをもたせた表現】

意味	行動・考え方が異なる	記録者にとって理解できない	非嫡出子
表現	変わり者（奇人・変人） 偏向的	衝動的行動・短絡的行動 信じられない行動	私生児 不倫でできた子

6 現象の記述 2 ── 数量化

I 研究法

```
                ┌ 心理学的測定                            ┌ 集団データの
                │                       ┌ データの分布の │   記述と分析
数量化（測定）  │                       │   記述と分析   │
                │ 測定結果の記述と分析 ┤                 ┤ 個人データの
                └                       │ データ間の関係の│   記述と分析
                                        └   記述と分析   └
```

定性的な記述と定量的な記述

　現象や対象を記述するということは，そのさまざまな要素を取り出して，それがどのようであるかを述べるということである。たとえば机なら，木製で，茶色く，四角い，などと述べることができる。また，たとえば生徒Aは理科が得意だが，生徒Bは運動が得意だなどと記述できる。このように，観察対象のもつ性質や特徴を記述する方法を，**定性的な記述**という。

　しかし現象の構成要素のうち，数量化できる要素については数値で記述すれば客観性が増す。これが**定量的な記述**である。先の机の場合なら，その高さ・長さ・幅などを測定することができる。このように定量的に記述できるものを現象のなかから抜き出し，測定し，それらの測定値を数学を用いて統合し，法則性を導くのが，**定量的な研究**である。

因子分析

　人間の特性，たとえば性格を記述するのに，類似した傾向を示す人々をカテゴリー化する，類型的把握という方法がある。「内向的性格」と「外向的性格」などは，その一例である。しかし一口に「内向的性格」といっても，そこにはさまざまな構成要素，たとえば情緒的安定性・社会的適応性・活動性・衝動性・内省性・主導性などが考えられる。こうした構成要素のなかには，ある要素の値が高ければ他の要素の値も高いというように，互いに相関し合っている場合も多い。そこでこれらの関係の程度を統計的に処理して，最初に仮定した多くの構成要素を最少の構成要素である因子に絞り込む方法を，**因子分析**という。そうして取り出された各因子を質問紙法で測定し，個人の性格をそのプロフィールで表す方法が**特性的把握**である。こういう方法は，性格や適性，知能の記述にもよく使用されている。このようなプロフィールによる記述は，定性的方法と定量的方法をミックスしたものともいえる。

心理学的測定の尺度

　物の重さや大きさを測定する物理学的尺度とは異なって，人間の行動や性質は抽象的で，簡単に測定できない。それを数量的に記述するためにさまざまな方法が工夫されているが，それらによって得られるデータは，数量化のレベルに応じて次の4つがある。

（1）名義尺度（単なる区別）

　調査対象のデータには，たとえば性別，所属クラブ，健康状態など，数量で表現することができないものがある。これらは，それぞれ，「男女」「文化クラブ・体育クラブ・所属なし」「よい・ふつう・よくない」など，区分＝カテゴリーに分けることができるだけである。このようなデータのうち，カテゴリー間の大小や順序が意味をもたないデータを名義尺度によるデータという。上記の例では性別や所属クラブのデータが名義尺度である。名義尺度のデータは四則演算ができないので，上記の所属クラブの例なら，文化クラブの所属者数，体育クラブの所属者数……を数え上げ，各カテゴリーの「度数」にして処理する。

（2）序数尺度（順序関係）

テストの成績の優・良・可のカテゴリーや，健康状態のよい・ふつう・よくないなどは，カテゴリー間に順序関係を与えることができる。このようなデータを序数尺度（または順位尺度）のデータという。統計的処理のためには，名義尺度と同じように各カテゴリーの度数を用いる。

（3）間隔尺度（原点なしの等間隔目盛り）

厳密には，原点をもたないが尺度の間隔が等しいデータをいう。物理的データでは，たとえば摂氏で表した温度がそれにあたる。摂氏には0℃があるが，便宜的な意味しかもたない（華氏による温度は，それ以下の温度が存在しない原点，絶対0度をもつ）。このようなデータは，差し引き演算が可能になり，間隔尺度（または距離尺度）という。

人間の行動データで厳密に要件を満たすものは得にくいが，統計的な利便のために，近似的に間隔尺度として扱われることが多い。たとえば子どもの性格の調査で「自主性・正義感・責任感」などのいくつかの特性をあげ，それらの各特性について何段階かに目盛った尺度（5段階なら1〜5）で測定することが考えられる。学業成績の点数も，この尺度であるとみなされることが多い。

（4）比率尺度（原点ありの等間隔目盛り）

先の華氏による温度の他にも，長さ，重さ，時間などの物理的データは，絶対原点が意味をもち，尺度の目盛りが等間隔なので，得られたデータは，たとえば，「Aの長さはBの長さの2.5倍である」というように，四則演算が可能である。このようなデータを比率尺度（または比例尺度）という。

教育心理学で実際に比率尺度が用いられることはめったにないが，これは人間の行動が物理データとは異なることを考えれば当然であろう。

集団データの記述

（1）度数分布図

たとえば1クラスの生徒の試験の結果を記述するには，その名簿と各生徒の点数の一覧表を示せばよい。しかし，データ数が1学級分ならこの方法でも概略を理解できるが，1学年分の100名以上のデータ数になると，一覧表を見て

その傾向なりを理解するのは困難である。そこで，膨大な量のデータを縮減し，記述する方法が各種考案されている。

その一つに，**度数分布表**がある。これは，同一のカテゴリーに属するデータの個数，すなわち度数を数えたものである。体育クラブ，文化クラブ，所属なしなどの各カテゴリーに入る生徒の度数や，成績の例なら，0～30点，31点～50点……というように成績をカテゴリー化し，それぞれのカテゴリーに属する生徒の度数を表にしたものである。これをグラフに表したものを**度数分布図**という。

(2) 代表値による記述

さらにデータを減少させる方法としては，元のデータ全体を一つの数値で表す，**代表値**による方法がある。分布の代表値として適格な値の決め方はいくつかあり，一般によく用いられるのが，すべてのデータの和をデータ数で除した値，すなわち**平均値**（mean）である。平均値は，データのどの一つの値が変化しても代表値の値に影響することからも，代表としての適格性をもつ。しかし同時に，データのなかに一，二例でも極端に大きい値や小さい値があるような場合，データ数が十分多くないと大きく影響を受けるので，代表値として適格でなくなる場合がある。このようなときには，データをその大きさの順に並べ，そのときの中央位置にくる値の方が全データの代表として適格であり，これを**中央値**（median）という。なおデータ数 n が奇数個の場合は中央値を一つだけ特定できるが，偶数のときは，n／2番目と(n＋2)／2番目の値の平均を中央値とする。

データの分布のなかで最も大きい値，あるいは大きい値をもつカテゴリーを代表値とすることもある。これを**最頻値**（mode）という。たとえば，クラブ活動参加者の最頻値は50人である，あるいは，サッカー部に所属する生徒である，などという。平均値や中央値を求めることができない名義尺度をもとにしたデータでは，この最頻値が代表値とされる。

(3) 散布度による記述

データを一つの代表値で記述すると，その分布が急峻な釣鐘形なのか，それともなだらかなのかというデータの散らばりについての情報が失われてしまう。したがって，代表値の他にデータの散らばり具合を示す数値も合わせて記述すると，その分布状況をより正確に理解できる。これを示す統計指標を**散布**

度という。

　最も簡単な散布度はデータの最大値と最小値の差で，これを**範囲**（range）という。範囲は簡明であるが，同じデータ数の集団の比較しかできず，また極端に大きな値をとるデータに影響されるという欠点がある。そこで，平均値を基準にして，そこからの各データのズレ（偏差）の平均を見るという方法がある。しかしこの値は負の数になる場合もあるので，負号をとるため，各データの偏差を2乗した値の平均を求めたものを**分散**（variance; S^2）とよぶ。観測データと同じ単位にするためこの分散の平方根をとったものが，**標準偏差**（standard deviation; s または SD）である。分散・標準偏差は小さいほど，データが平均値の付近に集中していることを示す。データの分布を記述する上で，平均値と標準偏差は基本であり，**集団基準**（norm）とよばれる。特に分布が左右対称の釣鐘型になる**正規分布**は，平均と標準偏差がわかれば分布の形を完全に再現することができ，N（平均，標準偏差）の形で，たとえば N（60, 102）のように略記される。

【度数分布図の例】

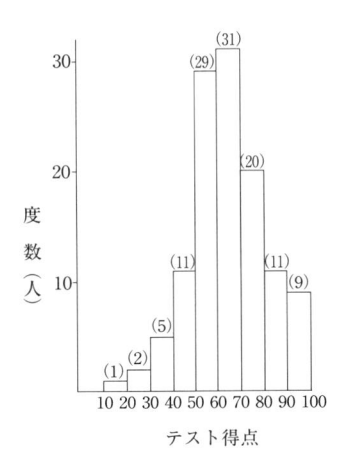

【分散の計算式】

$$S^2 = \frac{1}{N}\sum_{i=1}^{N} x_i^2 - \bar{x}^2 = \frac{1}{N}\sum_{i=1}^{N} x_i^2 - \left(\frac{1}{N}\sum_{i=1}^{N} x_i\right)^2$$

【標準偏差の計算式】

$$S = \sqrt{S^2} = \sqrt{\frac{1}{N}\sum_{i=1}^{N}(x_i - \bar{x})^2}$$

N＝データ数　　x_i＝i番目のデータ
$\bar{x}$＝平均値　　S^2＝分散
　　　　　　　　S＝標準偏差

個人データの記述

（1）Z得点

　たとえば国語70点・数学60点という個人のデータのみでは，その個人が受験

者全体のどのような位置にあるのかはわからない。そこでデータ全体の分布を記述した上で，さらにデータ全体の個々のデータをその分布の上に位置づける必要がある。最も簡単な方法は，データ全体の平均値 μ からの個人 i のデータ x の隔たり（$x_i - \mu$）と標準偏差 s の比で表した**標準得点**（standardized score）で，標準偏差と隔たりがない（平均値と同じ）場合に 0，ちょうど標準偏差分だけ大きい場合に 1 となるようにしたものは **Z 得点**とよばれる。個人 i の得点が，先の科目なら，たとえば国語は $z_i = 0$，数学は $z_i = 1$ のように記述される。この場合，点数の低い数学の方が国語より集団内の相対的順位という観点からは成績がよいことがわかる。

（2）偏差値とPR

この（$x_i - \mu$）/s の式をもとにした Z 得点による個人データの記述は，当然小数点のある値や負号のある値をとることもある。そこで，実際用いる際に便利なように，小数点をなくすために10を掛け，負号をなくすために50を加える。このようにして，Z 得点の 0 を50に直して表すようにした値を**偏差値**または **T 得点**という。この他に Z 得点から導かれる指標に，データを大きさの順番に並べて百等分し，ある特定のデータより小さいデータが全体の何％あるかを示す**パーセンタイルランク**（percentaile rank; PR）がある。50パーセンタイルが**中央値**である。これを求めるときは標準正規分布表を用いる。ちなみに $z_i = 0$ の PR 値と偏差値はともに50であるが，$z_i = 1$ では PR＝84，偏差値60である。

（3）5段階相対評価

データの分布が正規分布になることが仮定できる場合，Z 得点から個人の順位をほぼ見当づけることができる。そこで $z_i = -1.5$ 以下に 1 を，$z_i = -1.5$ 〜 -0.5 に 2 を，$z_i = -0.5$ 〜 0.5 に 3 を，$z_i = 0.5$ 〜 1.5 に 4 を，そして $z_i = 1.5$ 以上に 5 を機械的に割り振って，個人の集団における相対的序列を 5 段階で表したものを，**5 段階相対評価**という。実際に学校で 1 学級の 5 段階点をつけるには，人数比を用いる方がわかりやすい。5 段階点の 1 と 5 はそれぞれクラスの最下位者 7 ％と最上位者 7 ％の者，2 は評価 1 の上位の者24％の者，4 は評価 5 より下位の24％の者，そして 3 は平均点を中心とする38％の者である。たとえば40人学級をもとに人数比から 5 段階点の人数を計算すると，1 と 5 は2.8人，2 と 4 は9.6人，そして 3 は15.2人になる。多くの場合，このような小数点のつく人数が出ることの他，クラス全体の成績がよくても必ず 1 や 2 の評価の者が

出ること,さらに現実の学力試験などの結果は必ずしも正規分布しないことなど,**相対評価**は多くの問題をはらんでいる。

この解決策として,同じ5段階評価をするにしても,そのテストの満点の何割をとれたかにより評価する方法がある。100点満点のテストの場合なら,たとえば85点以上を5,69～84点を4,53～68点を3,37～52台を2,37点未満を1とするような方法もある。この**絶対評価**は,統計学的な指標ではないので分布上の位置を示したり他のテスト結果と比較したりすることはできないが,点数次第で何人でも5を与えられるし,必ずしも1の者を出さなくてもよい。

【偏差値（T得点）の式】　　【正規分布とZ得点,偏差値,PR,5段階点との関係】

$$t_i = 10 \times \left(\frac{x_i - \mu}{s} \right) + 50$$

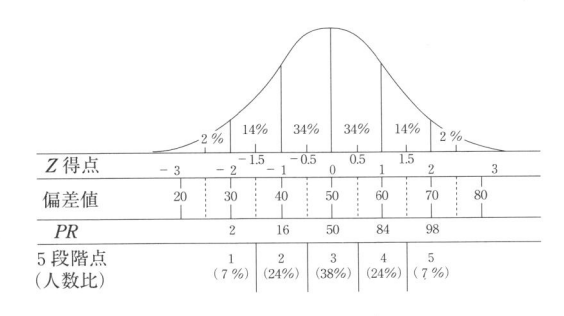

Z得点	−3	−2	−1.5	−1	−0.5	0	0.5	1	1.5	2	3
偏差値	20	30		40		50		60		70	80
PR		2		16		50		84		98	
5段階点 (人数比)				1 (7%)	2 (24%)	3 (38%)	4 (24%)	5 (7%)			

正規分布曲線の各区間の割合：2%, 14%, 34%, 34%, 14%, 2%

ハンス・J・アイゼンク →

英国の心理学者アイゼンク（H.J. Eysenck, 1916～）は,知能を「知能検査が測定するもののことである」と操作的定義をした。彼は「この定義は同語反復ではない。なぜなら知能測定の結果そのものによって反証をあげることができるから」という。
（出所：アイゼンク他著,斎藤和明訳『知能は測れるか』1985年,筑摩書房）

II エクササイズ

課題1

下の6人のテスト結果について標準偏差を求め，さらにZ得点・5段階相対評価点を求める。次に求めた6個のZ得点 z_i について，その平均 $\bar{z}$ と分散 S^2_z を計算する。（なお得点分布を正規分布とみなす。）

名前	X_1	X_2	X_3	X_4	X_5	X_6
点数	60	80	50	70	60	40

課題2

（1）ある模擬試験でA君は偏差値71という結果が出た。受験者総数が5000人，学校内受験者200人であった。偏差値とPRの理論的な関係からすると，受験者全体および校内の順位は何番か計算する。

（2）実際のA君の順位は受験者全体で110番，学校内で6番であった。（1）の順位と異なった結果をどう理解したらよいか考える。

課題3

実際に知能検査は何種類も存在し，その結果は知能指数や偏差値という形で数量的に示される。

（1）仮に，ある一人の子どもに同時に3種類の知能検査をしたら，A検査では偏差値30，B検査では偏差値40，C検査でも偏差値40という結果が出た。その子どもの正しい偏差値はどれか考える。

（2）同じように，同一の知能検査で同一人を時間を異にして検査したら，次の2つの検査結果が得られた。どちらがその人の知能のプロフィールか考える。（検査方法の誤りはなかったものと考える。）

【知能検査のプロフィールの例】

知能検査：WISC-Ⅲ
言語性ＩＱ＝92
動作性ＩＱ＝103
全検査ＩＱ＝96

点線は12歳3ヵ月のとき
実線は13歳3ヵ月のとき

	下位検査評価点											
	言語性検査						動作性検査					
	知識	類似	算数	単語	理解	数唱	完成	符号	配列	積木	組合	記号	迷路
	7	7	8	11	11	11	10	12	9	10	11	11	9

回答例

課題1について

6人のテストの平均点は 60.0 であるから，分散 $S^2 = 166.67$ および標準偏差 $s = 12.90$ となる。さらに下の表から

	X_1	X_2	X_3	X_4	X_5	X_6	計
平均値60との差	0	20	−10	10	0	−20	0
平均値との差の2乗	0	400	100	100	0	400	1000
Z得点（標準得点）	0	1.55	−0.78	0.78	0	−1.55	0
5段階相対評価点	3	5	2	4	3	1	—

$$\text{分散 } S^2z = [(1.55)^2 + (-0.78)^2 + (0.78)^2 + (-1.55)^2]/6 = 1$$

となり，Z得点の平均は常に0，分散は常に1になることがわかる。

課題2について

（1）正規分布の図で見る偏差値とPRの関係から，偏差値71はPRでは上位の2％以内のはずである。したがって，受験者全体では5000人中100番，校内受験者200人中では4番のはずである。

（2）「受験者全体で110番，学校内で6番」という結果は，受験者を点数順に並べた確定的なものである。それに対し（1）の答えの理論的な順位は，受験者の点数分布が全受験者の場合も校内受験者の場合も正規分布するという仮定の上に成り立っている。ところが試験結果のような人為的ないし人工的な人間行動のデータなどが現実に正規分布することはないので，このような理論と実際のくい違いが起きる。

課題3について

（1）特定の一人の人間に知能というものが実体として存在すると仮定しても，その全体をテストという方法で把握はできない。知能検査ごとに問題は異なり，どの検査も人間の能力の異なった一側面のみを検査している。仮に異なった検査の偏差値が一致しても，それは知能の異なった側面の値がたまたま一致したことを意味するのであり，一致したからそれが正しい知能とはいえない。このように知能は，それを測定した検査方法と共に示さなければ，偏差値単独では意味をもたない。

（2）一つの検査で知能の同一側面を測定しても，人の精神機能は発達もすれば停滞もするので個人に固有のプロフィールが固定的にあるわけではない。さらに検査時期や検査者による測定誤差も存在する。

Ⅲ　再定義

知能の再定義

文献に見る知能の定義

　知能の定義は，それに含まれる精神機能の範囲をめぐってきわめて多様であるが，そのいくつかの例を示すと次のとおりである。

　「一般的に①高等な抽象的思考力，②問題解決学習に効果的に働く能力，③新しい環境に対する適応能力のほぼ3つに分類され，③の立場を指示する者が多い」（『教育臨床心理学中辞典』1990年，北大路書房）

　「学習する能力，創造的思考能力ないしは抽象的思考能力でもあり，それによって新しい環境に適応し，かつ環境を改良し，文化を創造していく能力でもある」（『心理臨床大事典』1992年，培風館）

　「経験によって獲得される，新しい情報を学習し，新しい事態に適応する能力」（『新版精神医学事典』1993年，弘文堂）

　これらの定義の特徴は，①知能というものが実体として存在することを疑わない，②適応・創造のための能力であり「よいもの」という価値観を含んだ記述である（実際は知能によって大量殺戮兵器が発明され，今なお戦争が絶えないという適応・創造とは逆の事実もある），③抽象的思考力・学習能力・適応能力というような他の抽象的なことばで置き換えることができ，それらとどう異なる概念なのか，具体的に理解しにくい。

知能とよぶべき実体が存在するのか

　現実の人間の精神機能や行動はきわめて複雑であるから，そのある一側面を観察し記述するためには，抽象的で複雑に絡み合った精神機能を一時的に別々

の要素に分割すると便利である。そこで複雑に影響し合い干渉し合いながら一人の人間行動として統合されているシステムの一側面を「独立した機能をもつものと仮定して」，知能・性格・意思・感情・素質……などという要素が取り出されてきた。しかし，ことばの上ではこれらの要素に分割できても，それらのことばに相当する実体があるわけではなく，それらに独立の座が脳のどこかにあるわけでもない。にもかかわらず，こういう用語があるとその実体も存在するかのように受け取られ，「本当の意味」を定義しようとする。しかし実体が存在しないのであるから，私たちの経験に近づける定義とはなりえない。

操作的定義

ある物の重さを知るには，その物を秤の上に載せ，針の示した値を読めばよい。すなわち重さの概念は，重さを測定するための操作が定められたときに決まる。一般的にいえば，概念とはそれに対応する操作と同じ意味である。それを測定する操作から離れて「重さ」とか「長さ」という性質が存在するわけではない。このように，抽象的なことばの定義をそれを測定する手続きで操作的に定義する立場を，操作的定義という。

実体のない知能について定義する場合も同じことがいえる。複雑多義な人間の精神機能の一部を要素として取り出し，それを知能とよんでいるにすぎない。その抽象的な要素を他のことばで定義しても，さらに抽象的になるか同語反復になるだけである。知能ということばの意味を私たちが経験的に理解しやすいものとするためには，それを測定する操作を示すしかない。すなわち「知能とは知能検査で測定されたものである」という操作的定義が，それを知るためには何をすればよいかを教えてくれるという意味で，最も経験と近い。

知能を再定義する

知能は測定できるのだろうか。聴力を例に考えると，聴力を測定する場合は音のなかでも現実の生活では聞く機会の稀な純音（音叉の音）を用いる。したがって聴力測定器で測定された結果は，必ずしも日常の会話で用いられる言語音を聞き取る能力と同じではない。現実の生活では動物の鳴き声から楽器の音，楽器もピアノから打楽器まで，さまざまの音が人間を取り巻いている。その無数の音のなかから純音を代表として選んで測定し，それを聴力と定義している。

ということは，測定された聴力は，人の聴力の純音に対する反応という一側面のみを表している。

このこととまったく同じように，知能検査で測定された結果は，人間の能力のきわめて限られた一側面である。さらに知能検査が違えば測定している側面も異なるので，同一人に実施した異なる検査の測定値は異なって当然である。仮に同じ値になっても，それは異なった側面の測定値がたまたま同じになったということである。このように，知能そのものを測定することはできず，測定された値は常に一側面にすぎないのである。

伝統的に，「知能は抽象的思考能力・学習能力・適応能力である」というように定義されている。しかし，個人が発揮する能力は指導のあり方や置かれた状況により流動的に変化する。また個人の能力は意思や感情と相互的・力動的に関係しており，知能という実体が固定的に独立して存在するわけではない。さらに，知能検査で測定された結果は，人間の能力のきわめて限られた一側面であり，しかも知能検査が違えば測定している側面も異なる。

個人の知能を表示する際には，知能指数や知能偏差値の数値とともにその検査法・検査年月日も併記しなければ，意味をもたない。

7 直観的方法

I 研究法

ものを知る方法 { 分析的方法（科学的） / 直観的方法（哲学的）

分析的方法

　ものを認識するには，その対象をよく観察して，何らかの方法で表現しなければならない。たとえば机がどのようなものかを知ろうとするとき，一つの方法は，高さ・横幅・奥行きを測って大きさを知り，重量を測り，また材質が木か金属かを見ることである。この場合は，本来「いろいろな仕事をするための台」である対象を，そういう用途はカッコに入れて，大きさや重さや材質という要素に分解し，分析的に理解している。これが，科学の観察の方法である。人間，たとえば「太郎」という人物を知る場合も，身長・体重などの体格，握力・跳躍力などの体力，視力・聴力・血圧などの生理機能，さらに能力や性格などの要素に分けて分析的に理解しようとする。

　この例のように，分析的方法は人間を体格・体力・能力・性格などという要素から眺める。そして，それらの要素をキログラムとかメートル，評価点，知能指数などの単位で数量化し，表現する。そこで分析的方法は，**記号による認識**ともいわれる。また対象を要素に分けるという意味で，**要素還元的**であるともいわれる。

分析的方法の限界

　科学の方法である分析的な人間の理解は，たとえば太郎という生命体を，体格という点から見たり体力という点から見たり，能力や性格という点から見ることである。したがって分析的方法とは，対象をいろいろな角度で「外から観察し，測定する」認識である。しかし，測定するということは一定のものさしを当てはめることであり，それは人間一般のなかに太郎という個人を位置づけて，相対的に比較することである。各要素の値が太郎の値と偶然同じになる人間はいくらでもいる。このように考えると，科学的方法といわれる分析的な人間理解では，これらの情報の数をいくら増やしたところで，唯一無二の太郎という人間存在の本質を把握することはできない。

　分析的方法は翻訳にたとえられることがある。文学作品の翻訳も，原文そのもののもつ，特有の複雑な意味合いを完全に伝えることはできない。漱石の「坊ちゃん」を外国語に翻訳すれば，坊ちゃんという日本語独特の響きと意味合いや，「なもしとなめしは違うぞなもし」というせりふの面白味は，失われてしまう。同じように，人間存在を記号に翻訳したとたんに，特定の太郎という人間の持ち味は失われてしまう。

　伝統的な心理学は自然科学の方法を取り入れて，人間の精神活動を知情意や知能，性格などの要素に分割して研究してきた。しかし知能を測定するはずの知能検査は，被検者の，検査を受けようとする意思や情緒の安定がなければ遂行できない。性格を検査するはずの性格検査も，その質問項目を理解する能力がなければ遂行できない。このことからも，知能や性格を純粋に要素として取り出すことは，そもそもできないのだということがわかる。

直観的方法

　科学的方法である分析では対象を要素に分割し外から眺めるので，人間のように意識をもち意図をもつ生命体を対象にする場合には，表面的な理解しか得ることができない。その唯一無二の生命体としての本質を知るためには，対象の内的なあり方に沿って理解しなければならない。そのためには，その内面に同一化することによって知る方法があり，哲学ではそれを**直観**（intuition）という。心理学では，ディルタイ（P.37のコラム参照）に従い**了解**（Verstehen）

といわれている。またフランスの哲学者ベルグソン (H. Bergson, 1859〜1941) も個人的存在の多様性と発達の多様性は直観的な方法でのみ知り得るといい、その方法を**共感**（sympathy）とよんだ。それは論理的な説明ではなく、超知性的に感取することである。分析が対象を既成の概念で翻訳して知るのに対し、直観は翻訳なしに直接対象を把握する方法であり、そこでは共感のはたらきが大きい。たとえば特定の個人「太郎」を直観的方法で知るということは、太郎になりきって太郎の心のはたらきを感取することである。もし太郎が母親の帰宅を待ちながら「あーお腹空いた、お母さん早く帰ってこないかな」と言ったときに、「忍耐力がたりない」とか「甘えん坊」と認識するのは分析であり、「そうか、今お腹が空いていて、お母さんに会いたいんだ」と感じ取るのが直観である。

ある中国人が中国語に翻訳された日本の小説を読んだが、涙を流すことはなかった。その後日本に数年住み日本語を自由に話せるようになってから、同じ小説を日本語で読んだら涙が流れたという。分析と直観の関係も、これと似ている。

分析と直観の意義

科学的な分析は、対象を何らかの目的をもって支配し、変えようとする。その目的に沿った視点（立場）がある。先の例の太郎の「あー、お腹空いた……」という行動を「忍耐力・甘えん坊」などの視点で性格分析するのも、太郎を「しつけよう」という意図が背景にあるからである。しかし哲学的な直観は「そうか、今……なのか」と対象を知る以外、それを変えようという意図をもたない。したがって人間に関する既成の概念は、かえって直観を妨げる。

科学的分析には、機械論的説明のような論理的分析と数量的な記述のような数学的分析があり、心理学研究法の基礎とされてきた。そして、分野によっては大きな成果をあげてきたことも事実であるが、科学的方法の意義のみが強調され、心理学を支配することとなって、哲学的方法は排除されてしまった。しかし、現象の分析的観察のみを対象とする科学的方法は人間理解において限界があり、それを補うものとして直観的理解も必要なのである。

分析的方法で子どもを知る

特定の子ども「太郎」を知ろうとすれば、たとえば性別・年齢・身長・体重などで知ることができる。さらに現在の日本では○○小学校3年1組などと、学校のなかに位置づけることもできる。部活は何で、そのなかでもレギュラーかどうか、キャプテンかどうかなども手掛かりになる。学級のなかでも、学級委員などどんな役割を分担しているか、さらに行動面で教師の指示に従うか、集団行動には協調的かなども、重要な手掛かりである。日本において子どもを知るときの重要な要素は、学校から受ける学力の評価である。成績の善し悪しを知ることが、その子どもがどのような状態にあるかを知る手掛かりとされ、実際に親は成績表に一喜一憂する。

このような子どもの知り方は、学校教育するという特定の視点（立場）に立っていること、だれにでも当てはまる尺度により測定されること、その結果はたとえば優良可とかＡＢＣなどと記号化されることなどから、子どもを分析しているのだ、とわかる。しかしそれは大人のつくったものさしで測定しているにすぎず、子どもの真の姿・独自のあり方を知ることはできない。そのために子どもの心を読めない大人と読んでもらえない子どもの間のコミュニケーションが障害されるという現象が起き、具体的には親子関係の問題が家庭内暴力として、教師生徒関係が校内暴力として発現していると考えられる。

直観的方法で子どもを知る

たとえば太郎が学校の廊下を走って転び、膝をすりむいて泣いているとする。その太郎を教師という立場から見れば、児童・生徒としてどうなのかという視点から「廊下を走らないという規則を守らないからそうなる。すぐ保健室に行きなさい」と指導することになる。指導に従い太郎が保健室に行って養護教諭に涙ながらに治療を求めるとする。養護教諭は太郎を小学3年の男の子としてどうなのかという視点から「3年生にもなって泣くなんておかしいね」とか「男の子は泣かないよ」などと言うかもしれない。消毒薬がしみて「痛い」と声をあげれば、養護教諭は「がまん強くなりなさい」と言うかもしれない。

しかしこのような「児童・生徒として」、「小学3年の男の子として」どうなのかを分析する視点を一切もたずに見れば、今の太郎の姿が見えてくる。「今

転んで膝が痛いんだ」という気持ちが見る者には自然に伝わってくる。その際に太郎への声かけも、「痛かったでしょう」となる。一人の大人として太郎の痛みがおさまるまでしばらくそこに座り、その痛みを共有することもあるだろう。その対応に癒された太郎は、「今度からは走らないようにしよう」と自ら気づくかもしれない。このような直観的方法で「今を共にする」者どうしの間に自然に伝わる暗黙のコミュニケーションがある。この方法で子どもの真の姿を知ることにより、大人と子どものコミュニケーションは成り立つ。

II　エクササイズ

課題1

〔場面〕

　太郎は元気な小学3年の男の子である。学校の廊下には「廊下を走らないこと」という注意書きが貼ってある。太郎は次の体操の時間のために体育館へ移動しなければならなかった。そこで早く体育館へ行こうと思い、廊下を走った。そのとき太郎はつまずいて転び、膝をすりむいてしまった。痛みをじっとこらえたが、涙があふれてきた。太郎は涙を浮かべながら傷の手当てのために保健室へ行った。養護教諭に傷の手当てをしてもらっているときに、「痛い！」と声をあげ、また涙を流してしまった。

〔個別作業〕

　（1）あなたが担任教諭だと仮定して、あなたの見ている前で太郎が転んだとする。そこであなたが太郎に言うことばをそのまま書く（内容ではなく、せりふを書く）。

　（2）あなたが養護教諭だと仮定して、この保健室の場面で太郎に対して言うことばをそのまま書く（内容ではなく、せりふを書く）。

〔グループ討議〕

　（3）個別作業が終了したら班に分かれ、各自の回答を発表しながらその班のメンバーに、①共通の回答と、②希少な回答をあげる。さらに、③それらの

共通回答と希少回答の違いを考える。

> **課題 2**

次の樹木画の作者について，以下の二つの方法で理解を試みる。
〔樹木画テスト〕

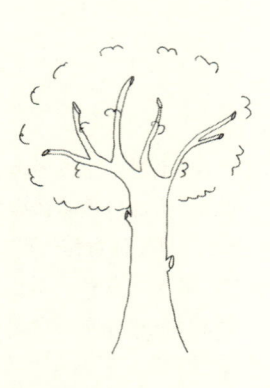

用紙：A4（鉛筆描き）
作者：13歳・女子

（1）方法A（分析的方法）

以下の枝や根や幹の意味づけをマニュアルとして理解する。

『幹は自分の基本的な力や内的な強さをどのように感じているかを示す。枝は環境から満足を得る能力と関連し，うまく統制がとれてほどよい形の枝が描かれる場合は，正常な柔軟性と十分な順応性を示している。適度な葉が描かれている場合は，豊かな観察力や繊細さ，活力などを示す。根はパーソナリティーの基本的な安定性を示し，大地に定着している木は健全な成長を示唆する。樹冠は空想性を反映し，雲の様な樹冠はエネルギー水準の低下を示す。』

（2）方法B（直観的方法）

この絵を「生きている樹木」とみなし，自分がこの樹木の立場になり，その生き方（成長する植物としての気持ちや喜怒哀楽など）を感じ取る。その際「私は」で始まる文章で記述すると，その生き方を直観しやすくなる。

回答例

課題1について

看護学生の心理学の授業で，本章の「Ⅰ 研究法」を読む前に試みた例を示すと，次のとおりである。共通回答は分析的な見方であり，太郎の気持ちを読み取ることに失敗していることがわかる。

グループ討議		ことばかけ（①共通回答と②希少回答）	①と②の相違
①共通	廊下	廊下を走ってはいけないでしょう／どうして急いだの／気をつけなさい／この注意書き読んでごらん／大丈夫か？／早く保健室へ行きなさい	・上から一方的 ・命令的，指示的，批判的 ・客観的（眺めている）
	保健室	我慢しなさい／男の子は強いんだぞ／大丈夫だよ／どこでどうやってけがしたの／泣いたら笑われるよ	
②希少	廊下	痛かったでしょう／一緒に保健室へ行こう／時間を守ろうと急いだんだね／大けがでなくてよかった	・共感的 ・肯定的 ・主観的（太郎の立場に立っている）
	保健室	痛くしてごめん／よく我慢したね／痛いよねー／「……」（何も言わないで涙を拭いてやる）	

課題2について

次の回答例は，大学生の一例である。この例からも分析的方法では，断片的

な意味づけの寄せ集めになり，作者の生きた人間像が浮かんでこない。しかし，直観的方法では，生き物としての一本の樹木がどのような状態にあるかを知ることができる。

（1）方法A（分析的方法）

幹はある程度太いので「自分の基本的な力や内的な強さを感じている」といえる。枝はほどよい形で描かれているので「正常な柔軟性と十分な順応性を示している」といえるが，枝先や幹の枝が切られているのは何を示しているのか不明である。葉が描かれていないことから「豊かな観察力や繊細さ，活力などを欠いている」といえる。実が描かれていないことから「依存欲求の強さや持続性の欠如はない」といえる。根が描かれていないことから「パーソナリティーの基本的な安定性が乏しい」といえる。

（2）方法B（直観的方法）

私は太い幹をもち，枝も上へ伸ばし，葉を茂らせてきた。しかし，せっかく成長させた枝をその付け根から切られたり，これから成長する枝も先端を切られたりした。そのため茂らせた葉もまばらになり，隙間ができた。根もせっかく茂った樹冠を支えられない。私はもうこれ以上成長できないかもしれない。

Ⅲ　再定義

生徒理解の再定義

文献に見る生徒理解の定義

ある辞典によれば，生徒理解は次のように記載されている。

「生徒理解とは，能力・適正・興味・関心・性格・欲求・要求・悩みや不安・友人関係・親子関係・生活環境など生徒にかかわるさまざまな情報を指導に当たるものを的確に把握することによって一人一人の児童生徒の個性を

理解することである」(『学校カウンセリング辞典』1995年,金子書房)

この生徒理解のための方法として,この辞書には観察法・面接法・質問紙法・検査法(知能検査や学力検査)などの他,作文・日記などがあげられている。
また別の辞典には,児童・生徒理解という用語で次のように記載されている。

「指導の前提としての資料を得るため,教育の対象である児童生徒の行動の諸特性や法則性を把握すること。児童生徒一般の行動の法則性を理解する側面と,ある特定の児童生徒の個性や特性を理解する側面とがあるが,今日では特に個性重視の教育,教育相談の重視という背景もあって,後者の側面が重要視されている(『学校教育辞典』1988年,教育出版)

この記載も生徒理解を「個性を理解する」ことと記述しているが,前掲の辞典と異なるのは,さらに次の記載がある点である。

「内容的には特に二つの側面が重要である。一つは児童生徒への共感的理解で,単に現象的・表面的な行動や態度を理解してやるだけではなく,もっと深層部の,本質的な,無意識的な,情緒的内面的な部分を共感的に理解してやることが必要である。もう一つは診断的理解で,表面的な行動の観察にとどまることなく,行動の意味・原因を理解し,有効な手だてを取ることが必要である」(『学校教育辞典』1988年,教育出版)

指導のための理解は分析にもとづいている

ここに引用した生徒理解の二つの定義の共通点は,教師の立場に立ったものであり,したがって指導という意図をもつ生徒の情報収集であるという点である。それは「指導に当たる者が的確に把握する」とか「指導の前提としての資料を得るため」などという記述からいえる。教師という立場に立ち指導を意図する限り,その理解は生徒を対象化し,その対象を変化させるための分析ということになる。したがってたとえ「個性を理解する」といっても,唯一無二の存在としての特定の個人の本質を,このような分析的方法では理解するのは困

難である。
　このように考えると，二つ目の辞典の定義に共感的理解と診断的理解が分けて記述されていることの意義は大きい。だが，両者の基本的な相違が明確でないため，内容に矛盾をきたしている。それは指導という意図のもとでは，共感的な理解はあり得ないからである。人が他人の表面的な事柄ではなくその本質を理解するためには，理解する側が教師とか指導者という特定の立場を離れ，理解される側の生徒の立場になりきらなければならない。共感的な理解は，指導を意図しては不可能なのである。
　さらに理解の方法について，共感的理解を記述している辞典も観察法・面接法・テスト法・調査法および学業表出法（作文・日記・学業など）をあげている。これらのうち面接法，それも生徒中心の面接（評価や指導を意図しない，子どもの気持ちをひたすら聞く面接）だけが共感的理解の可能な方法であるが，その重要な部分についての記述はこの辞典にはない。他の観察法・テスト法などはすべて，人の現象面を知るだけの診断的理解のための方法である。このように，辞書に記載されている生徒理解は，共感的理解をその一つとしてあげている場合にも，結局は教師の立場からの指導を意図した分析的なものといえる。

生徒のための生徒理解

　二つ目の辞典にあるように，共感的理解とは「単に現象的・表面的な行動や態度を理解してやるだけではなく，もっと深層部の，本質的な，無意識的な，情緒的内面的な部分を共感的に理解してやる」ことであるならば，教師であっても教師の立場からいったん降りて，指導するという意図を捨て，子どもの立場に一体化しなければならない。そのようにして大人と子どもが出会えたときにのみ，子どもは「自分が理解された，この先生と出会えてよかった」という満足感を得られる。辞典の定義に見るように，生徒理解が，教師が生徒を指導することを目的としている限り，それは「生徒としてどうなのか」という教師の立場からの分析で終わる。伝統的な生徒理解は，生徒の評価であり，それは唯一無二の個人の理解，すなわち人間理解にはならない。また教師として生徒を理解したという自己満足は得られても，生徒は理解してもらったという満足感を得られない。たとえ学校に学校カウンセラーを導入しても，そのカウンセリングがこのような伝統的な生徒理解の発想のもとに行われるならば，教育問

題の解決にはつながらないだろう。

生徒理解を再定義する

　従来，生徒理解という場合は，教師の立場に立って対象を指導するという目的のもとに，生徒に関する情報を収集することが中心であった。このような立場と目的をもって生徒を知ることは，対象の分析であり，したがって性格・知能・学業・日常行動などの断片的な現象面の情報収集になる。このような教師のための情報収集の方法は，観察法・面接法・質問紙法・検査法（知能検査や学力検査）などを用い，基本的には「生徒としてどうなのか」という評価を導くことになる。

　もう一つの生徒理解は，指導を意図せず，教師の立場を離れ，純粋にその対象の子どもを「ありのままに知る」ことである。一切の分析をすることなく，面接における子どものことばを一切評価することなく，直接に感じ取る直観による知り方である。この方法により唯一無二の人間の存在そのものを知ることができ，その理解を子どもの側にフィードバックすれば，子どもは「理解してもらった」という満足感を得る。したがってこの直観による理解は，生徒のための生徒理解といえる。

8 人間学的考察

I 研究法

教育心理学における人間学的考察 ｛ 研究対象（人間）についての存在論的考察
研究者自身についての認識論的考察

人間とはどういう存在か

　森羅万象のありさまがどうなっているのかについての議論が，**存在論**である。心理学の場合は人間の行動のありさまを明らかにするのだが，人間といえども哺乳類であり動物であり，そして生命体である。そこで人間の行動を明らかにするためには，まず生命とはどういう存在か（生命観），そして生物とはどういう存在か（生物観）をもとにした，人間観を基礎にしなければならない。そのような生命観・生物観を欠く人間行動の研究は，人間を精密な機械にすぎないとみる機械論的人間観におちいりやすい。

　生命体はいずれの種も，子孫を残し存在し続けるために，環境の変化に備えて，生む子どもを親とまったく同質に単一化するのではなく，逆に多様な形質をもつ子を生んできた。この多様化に最も成功し繁栄したのが，人間である。このように人間は，本来多様な存在なのだという人間観からすれば，その多様な人間を同じ行動・同じ考えに統制する教育のあり方は，人間存在のみならず生命そのもののあり方を無視していることになる。生命体はまた，環境に対して能動性をもつ。特に動物は環境に対して能動的であり，主体的に行動する。

子どもを机に座らせ，教師の話を受け身的に聞かせる授業のあり方は，この生命体としての能動性，動物としての主体性を無視していることになる。このように，人間が動物であり生命体であることを無視して，「人間らしく」を強調する教育のあり方のもとでは，主体性を回復しようとして動き回り学級崩壊となるか，身の危険を感じて安全な場に逃避するため不登校になるかだろう。

　また人間は哺乳類である。哺乳類の子どもは母親から生命の糧である母乳を得，敵から守ってもらうなど，生存のすべてをその親に依存している。哺乳類としての人間の子どもにも，その親にしがみつき生きていこうとする行動がインプットされて生まれてくる。たとえば，愛着行動としての乳幼児の微笑み反応や吸啜反射である。その自分の存在の保証人である親から，学業成績や職業選択などで厳しい条件をつきつけられれば，子どもは，生きていくために懸命に親の要求に応えようとする。そのような要求の代表が学業成績の向上である。それに応えるため，学校が終わってからも塾に通うという行動は十分理解できる。しかしそれでも親の要求に応えられないと，親からはぐれた哺乳類の子ども同様の不安に襲われ，さらには問題行動へと発展する。

　自分が保護されていないと感じる子どもは，常に不安な心理状態にある。そのような不安な状態で，自分が追い詰められるような立場に立てば，自らの身を守るために事実とは異なることを言うこともある。それは大人から虚言・嘘つきとして責められる。同じく親に保護されていないと感じる子どもは，その不安から警戒心が強くなり，被害感が強くなる。そのような子どもは，自分の生命を守るために攻撃的になる。そうなると子どもどうしの些細なトラブルでも，相手に対して暴力を振るうことになる。また親に依存して生きることをあきらめた子どもは，何か欲しいものがあっても親には求めずに，自らそれを調達する。そのような行動は盗みとよばれ，やはり大人から責められる。

人の認識は客観的か

　私たちのもつ知識の確実性についての議論を**認識論**という。もとより科学的研究においては，研究者の個人的な立場で主観的に考えることは避けなければならない。研究者は可能な限り個人的な価値観を捨て，事実を客観的にとらえるよう努めなければならない。一社会人として特定の価値観なしには生きられないが，研究者の場合は価値自由的（没価値的）でなければならない。

　ところが，認識する，あるいは何かをわかるということは，観察の対象から

観察者のもつ概念で特定の事象を選択するという作業なのである。同じ風景を観察する場合でも，そこに何があったか観察者の見たものを問えば，植物に関心のある者は植物を，動物に関心のある者は動物を観察対象のなかから「図」として選択し，その他の多くの事象は「地」となり認識されない。このように，認識とは本来選択的であり，要素主義的である。人間を観察する場合も同じである。

このように人の認識そのものが観察者の主観でもあるので，科学的研究においては意識的に研究者自身の価値観を自己点検しなければならない。というのは，私たちは日常生活のなかで社会通念となっている価値観を無意識のうちに取り入れ，学校的価値観や集団中心主義にとらわれているからである。たとえば「不適応・反社会的・怠学」などと子どもを否定的に見る用語を用いている研究者自身の，特定の価値観を意識化しなければならない。

II-1　エクササイズ（研究対象について存在論的に考える）

課題

適応の概念は，心理学と医学・生物学では基本的に異なるところがある。心理学の文献で適応の定義を調べ，

→ 3歳児の人間についての認識
子どもは，人の全身像から頭と足を選択的に認識するので頭部に直接足がついている「頭足人」を描く。特にコミュニケーションに必要な顔は大きく描かれる。足は立って移動する存在として認識していることを示す。

（1）下記の医学・生物学の文献の定義と比較して違いを整理する。
（2）生物学と心理学の両領域で不適応という概念の有無を調べる。
（3）心理学の適応概念は人間を社会人としてとらえている。もし医学や生物学の適応概念と同じように人間存在を生命体・生き物としてとらえると、どのような適応の定義が考えられるだろうか。

〔医学の定義〕
「環境の変化や刺激に対して、生体の持つさまざまな機能を働かせて、生体を保存しつづけるように変化することを広義の適応という。この広義の適応は、非遺伝的なものと遺伝的なものに区分できる。非遺伝的な適応は、明るい場所から暗い場所へ入った場合に瞳孔などの調節によって、比較的短時間内に馴れてくる適合あるいは順応と、温帯から熱帯に住み移った場合のように比較的長時間をかけて馴れてくる順化が含まれる。遺伝的な適応は、遺伝子DNAの分子構造に変異が起こることによって、世代を通じて種を存続するように変化することを意味する。狭義の適応は後者であるが、一般には、無選択に使用される傾向にある」（『医学大辞典』1990年、南山堂）

〔生物学の定義〕
「コナラやクヌギなどの、落葉広葉樹の下草として生育しているカタクリやニリンソウなどは、早春期の林内が明るいうちに葉を広げて、さかんに光

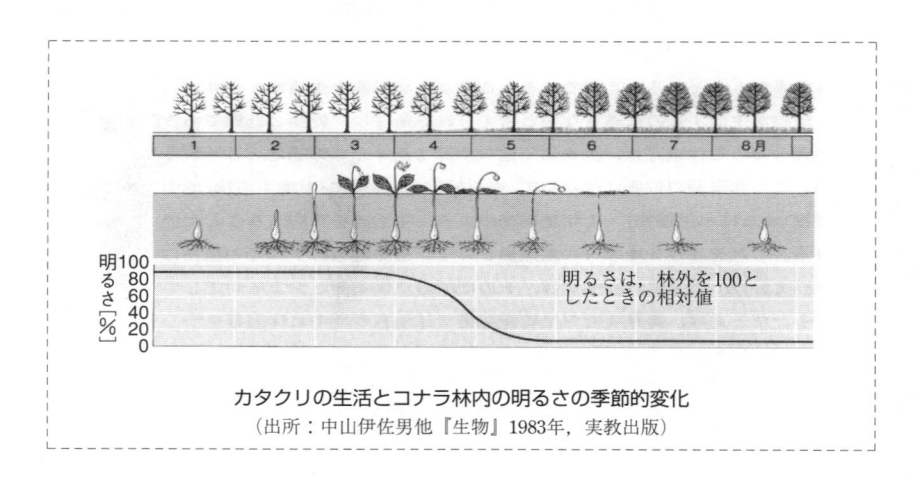

カタクリの生活とコナラ林内の明るさの季節的変化
（出所：中山伊佐男他『生物』1983年、実教出版）

合成を行って地下部に有機化合物を蓄える。コナラやクヌギの葉が茂って林内の光が弱くなると，カタクリやニリンソウの地上部は枯れて翌春まで休眠する。カタクリやニリンソウにみられるこのような生活様式は，光条件に対応して，これらの植物が長い年月をかけて獲得した形質といえる。

　一般に生物は，さまざまな環境作用を受けて生活しているが，これらの環境作用に反応してそのはたらきや構造を調整し，効果的に環境とのあいだに調和のとれた生活を展開している。このような現象を適応という。現在繁栄している生物は，すべてそれらの環境に適応しており，したがってそれらの生物の形質の多くは，適応的であるといえよう」（中山伊佐男他『生物』1983年，実教出版）

〔心理学の定義〕
　「（1）社会的環境に対する適応：個人の所属する小集団の規範や社会的規範に従って行動し，かつ対人関係をうまく処理していき，他者から受容され承認されている場合をいう。これは，他者から客観的に評価できる側面であり，通常，社会的適応とよばれる。
　（2）自己自身に対する適応：個人の内的基準（要求水準，価値観，自我水準）に合致して行動し，自己満足，自己受容，自尊感情，幸福感などを体験しており，さらに社会的にも適応していると自己認知している場合をいう。つまり本人自身によって意識された主観的な適応感のことである。この際は，通常，情緒的にも安定しており，不必要な心理的緊張感はない。この側面の適応は，社会的適応に対して，個人的適応ないし情緒的適応とよばれる」（『情緒障害辞典』1990年，誠信書房）

　「自らの欲求を満たすために環境，特に人間関係や組織などの社会的環境に対して適切な働きかけができ，それに対し環境から肯定的な反応や評価が与えられ，結果として情緒的に安定し有効感を持てる状態が適応状態である。逆に環境に対して有効な働きかけができず，周囲から否定的な評価を受けている状態が不適応であり，心理的な不全感や不安定感をともなうことが多い」（『カウンセリング辞典』1990年，誠信書房）

　「人間にはたくさんの欲求（動機）があり，人間は欲求を満足させるために行動する。しかし，人間の生活する社会にはいろいろな困難や障害があり，

そのため人間は欲求が満たされないフラストレーション状況に直面する。人間は障害を乗り越える努力をしたり，困難を解決する工夫をして困難な状況に合理的に対処する。これを適応という。しかし，ときには障害に直面して合理的に対処することができず，情緒的に不安定になったり，非行のような反社会的行動に走ったり，神経症的症状を示したりすることもある。これを不適応という」(安倍北夫・古谷妙子『教育心理学入門』1985年，ブレーン出版)

回答例

　課題の（1）～（3）を下の表のようにまとめることができる。生物学の適応概念はすべての生き物を対象にしているが，医学と心理学は人間を対象にしている。さらに医学は人間を「生体」としてとらえているが，心理学は人間を「社会人」としてとらえている。すなわち，心理学の定義で引用した文献のなかの「小集団の規範や社会的規範に従って行動し」「環境から肯定的な反応や評価が与えられ」「社会にはいろいろな困難や障害があり……困難な状況に合理的に対処する」という表現に見るように，社会のなかで生きる存在としての人間を強調し，集団に個人が合わせることを心理学では適応といっている。

　なお心理学に関する文献における定義には，その記述のなかに「情緒的にも安定しており」「不必要な心理的緊張」「有効感を持てる状態」「環境に対して有効なはたらき」「合理的に対処する」などのように，具体的にどのような行動をさすのか明確でない表現が多い。このように記述者の価値観・主観が定義のなかに持ち込まれるので，文献ごとに定義に違いが出てくる点も，生物学や医学における記述と大きく異なるところである。

	医学・生物学	心理学
（1）適応概念	〈生き物・生体を対象とした定義〉個体の生命維持と種の続のために環境との関係で個体が示す「すべての変化」を適応という。	〈人間を社会人としてとらえた定義〉生物学の定義のように，その環境との関係で個体が示す「すべての変化」ではない。個体の示す変化のなかで「対人関係をうまく処理していく」「他者から受容され承認されている場合」「環

		境に対し適切な働きかけができ」「環境から肯定的な評価が与えられ」「困難な状況に合理的に対処する」というような条件を満たす個人の変化のみを適応という。ただし，何をもって「うまく（処理していく）」「適切な（働きかけ）」「合理的に（対処する）」というかは，まったくわからない。
（2）不適応という概念の有無	適応はすべての生命体がその生命維持のために示す変化なのだから，生命維持につながらない変化はないので「不適応」という概念はない。	「周囲から否定的な評価を受けている状態を不適応という」とあるように，集団（社会）に人間が合わせた行動をとらないと「不適応」として問題視する。
（3）人間存在を生命体・生き物として考える定義	人間存在を生命体・生き物として考えると，人間が環境との相互交渉で示すすべての変化が適応であると考えられる。反社会的とされる盗みにも，親に依存しないで自力で物を調達し生きていこうという意義がある。非社会的とされる場面緘黙も，自分の発言をもとに否定的に評価されることからの自己防衛という意義がある。いじめからの不登校も，屈辱的な仕打ちから自尊心を守るという意義がある。	

Ⅲ-1　再定義

適応の再定義

生物学・医学における適応の意味

　すべての生き物には，その個体の生命を環境変化から守るためのメカニズムがその生体内に備えられており，そのはたらき（機能）を生物学では適応という。人間の個体のレベルでも，日照りのところにいて体温が上がると，汗をか

くことにより体温を下げるという生理現象が起きる。その生理現象も追いつかなくなると，日陰に移動するという行動をとる。これらの行動や生理現象は，すべて個体の生命維持のための適応行動である。

　生き物は自己の生命を維持するために活動しており，したがってその行動はすべて適応機能の現れと考えられる。環境の変化が急激だったり変化が大きかったりして，個体の変化がそれに追いつかないために生命を維持できないことがあるにしても，自らの生命を危機にさらすような，いわゆる不適応行動は起こりえない。

心理学における適応の意味

　生物学・医学が，個体の生命の維持あるいは種の存続をはかるために環境に合わせた個体の変化すべてを適応というのに対し，心理学では集団の要求に個人が合わせ，個人も精神状態が安定するような変化に限り適応という。特に心理学においては，個人の示す変化が集団の要求に合わない場合や，環境との関係で個人の精神状態が不安定になるような変化を問題にし，不適応という。生物学・医学ではすべての生命体の変化には意義があると考え不適応という概念は存在しないが，心理学では人間存在が生命体であることを考慮せず，集団に合わせられない個人を否定的に評価して不適応という。

　その否定の仕方は大きく二つに分けられる。一つは，集団の秩序を乱す結果になる行動を反社会的行動として問題にする。もう一つは，集団に参加できなかったりなじまないような行動を非社会的行動として問題にする。いずれにしても，集団のなかで個人のとる行動にはそれなりの意義があるとは見ないで，集団を中心に適応・不適応を区別している。

否定されたことからの二次反応

　エクササイズの回答例にある引用文献に「周囲から否定的な評価を受けている状態が不適応であり」と述べられているように，集団に合わせない個人は否定される。この周囲からの否定は，発達途上の子どもの人格形成において，その子どもに「自分はだめな存在」という自己否定感を植えつける。この自己否定感が自己のイメージとして固定化したものが**否定的自己像**（p.19のコラム参照）である。このような否定的自己像をもつ子どもは，本来生物として行動す

る生命維持の目的に反するような「食事をとらない，危険な薬物の乱用，自分の体を傷つける」などの自己否定行動をとる。最初の集団に合わせないという行動を一次反応とすると，自己否定感の現れとしての自己否定行動は二次反応と見ることができる。

適応を再定義する

　生物学・医学では個体の生命の維持あるいは種の存続をはかるため，環境に合わせて個体が示すすべての変化を適応というのに対し，心理学では集団の要求に個人が合わせ，個人も精神状態が安定しているという状態に限り適応といい，個人が集団の要求に合わせることができない場合には不適応という。このような心理学でいう不適応には，集団の秩序を乱す反社会的行動と，集団になじまない非社会的行動があるとされる。いずれにしても集団のなかで個人のとる行動にはそれなりの意義があるとは見ないで，集団を中心に適応・不適応を区別している。

　伝統的な心理学の適応概念は，人間を社会人としてのみとらえた定義である。しかし人間は社会人である以前に動物であり生命体である。そこで人間存在を生命体・生き物として考えると，人間が環境との相互交渉で示すすべての変化は適応であると考えられる。反社会的とされる盗みも，親に依存しないで自力で物を調達し生きていこうという意義がある。非社会的とされる場面緘黙も，自分の発言をもとに否定的に評価されることからの自己防衛という意義がある。いじめからの不登校も，屈辱的な仕打ちから自尊心を守るという意義がある。不登校が適応行動であることを示すのが，いじめられても自己防衛のための不登校を選択できなかった生徒が示す「いじめ自殺」である。非社会的とされる，学校で口をきかない場面緘黙も，何かを言えば評価の対象にされる学校で，話さないことにより自尊心を傷つけられることを防ぐ行動と考えられる。反社会的行動とされる校則違反も，自分を否定的に評価する学校的価値観をそのまま認め自己否定的になるよりも，学校の価値観を否定することにより自己肯定感をもとうとする行動であると考えられる。

　心理学の集団中心主義的な適応概念へのもう一つの疑問は，生物学でいう個体の生命の維持や種の発展という基準からすれば，個人が集団（多くは人為的に組織された公式集団）に合わせることが適応といえるかという問題である。たとえば反戦思想の持ち主は，戦争している国においては集団に合わせないという意味で心理学的な定義では不適応ということになる。

II-2　エクササイズ
（研究者自身について認識論的に考える）

> 課　題

次の（1）～（4）の順序に従い，課題に答える。

（1）自分が過ごしたこの1週間の生活上の出来事を述べながら，自己紹介を書く。
〔自己紹介1〕

（2）次の性格を表す用語をなるべく多く用いて，自己紹介を書く。
用語：自主性・正義感・責任感・根気強さ・礼儀・協調性・指導性・公共心
〔自己紹介2〕

（3）次の性格を表す用語をなるべく多く用いて，自己紹介を書く。
用語：抑うつ性・気分の変化・劣等感・神経質・攻撃性・活動性
〔自己紹介3〕

（4）性格についての次の①～③の問題を考える。
　①一人の人間の性格の記述には上記の自己紹介1～3のように異なった記述が存在するが，自分についての「正しい」記述はどれと思うか考える。

また完全に人間の性格を記述することは可能か考える。
② 課題の（2）〔自己紹介2〕で用いた用語はいずれも社会では望ましい性格とされている。また大人は子どもに「明るくて素直なよい性格」とか「反抗的なところが悪いから直しなさい」などと言う。また一般的に積極的な性格はよく，消極的な性格は悪いとされている。このように「よい性格・悪い性格」というものがあるかどうか考える。
③ 2人の小学生が教室でけんかをして，一方が叩いて，その相手の子は泣いてしまった。以前から，叩いた子は乱暴な性格で泣いた子は泣き虫な性格と教師の間では言われていた。このように子どもが何か問題を起こしたときに，その行動を理解するにあたって，その子どもの性格と結びつける「乱暴な性格だから」とか「泣き虫の性格だから」というような子どもの見方は，役に立つかどうか考える。

回答例

教育心理学を学ぶある学生の回答例を下に示す。この回答例が典型を示しているように，多くの回答に次のような共通点を見いだすことができる。

① 性格を表す用語を用いる記述は，どうしても「興味あることについては……」というように条件付きでしか，その用語を用いることができない。
② 性格を表す用語を用いる記述は，「根気強さに欠ける」とか「協調性はある方だ」というように，「ある・ない」という二分法で答えることになる。
③ このような条件付きと二分法の回答になる結果，類似の回答が多くなり，同時に回答内容があいまいで，その個人のイメージが浮かび上がらない。
④ 「出来事による自己紹介」は具体的であるが，断片的なので回答者の全体像・個人のイメージをもちにくい。
⑤ 人物描写は何らかの特定の視点にもとづき，全体像から選択的に記述されている。

（1）出来事による自己紹介

「週のはじめは，卒業論文の資料集めのため，県北地域の不登校児の適応指導教室へ行ってきました。また火曜日には大学で授業があり，実習ゼミと卒論ゼミに参加しました。連休が始まり，実家のある東北から姉が来て，私たちの

好きなドライブも兼ねて那須や日光に遊びに行きました。他の家族も皆休みだったので電話で両親と話しました。」

(2)「自主性・正義感・責任感・根気強さ・礼儀・協調性・指導性・公共心」による自己紹介
　「私は自分の興味あることについては根気強さはあると思うが，自分の興味がないことに対しては根気強さに欠けると思う。協調性については自分ではある方だと思うが，気分によっては欠けてしまうこともあると思う。指導性については，自分の経験上もっている方だと思う。しかし，自分のやりたくないことについての指導性は，中途半端になってしまうこともあった。」

(3)「抑うつ性・気分の変化・劣等感・神経質・攻撃性・活動性」による自己紹介
　「私はたまに『抑うつ性があるのでは？』と感じることがある。短期間では変化しないが，気分の変化があると思う。調子のよいときには自分の課題などに自信や活動性をもって取り組むことができるが，気分が落ち込んだときには自分に劣等感をもったり，神経質になってあまり物事に取り組みたくなくなってしまう。しかし，このどちらのときも，私にはあまり攻撃性はないと思う。」

(4) **性格についての質問**
①自分の性格の「正しい」記述はどれだと思うか？
　回答した学生の多くは，自己紹介1〜3のいずれかを選択した。じつは「どのような生活をする人か」を知りたい者は1の認識を，集団生活やよい労働者かどうかということを知りたい者は2の認識を，神経症的な傾向を知りたい者は3の認識を複雑多義な人格から必要な情報として選択したといえる。自己紹介1〜3とも多義的な人格を特定の視点から認識した部分的・断片的な情報であり，したがって性格の完全な記述はないといえる。

②「よい性格・悪い性格」というものはあるか？
　一般に「よい性格・悪い性格」ということばを教師や子育てしている親が子どもに対して用いていることは事実である。しかし大人の指示によく従う「素直な子」は，自分の考えをもたない「主体性のない子」でもあり，権威に弱く暗示にかかりやすく，詐欺などの犯罪の被害者になりやすいともいえる。逆に大人の指示に従おうとしない「反抗的な子」は，自分の意見をもって明確に主

張する「主体性のある子」でもある。このように考えると，絶対的に「よい性格・悪い性格」というようなものがあるのではない。消極的性格や積極的性格も，同じように人類文化のなかでその存在意義があり，社会は両方の性格を必要としており，それぞれの特性を発揮する状況がある。

③子どもの問題行動を理解するのに性格を知ることが役に立つか

乱暴な性格とか泣き虫の性格などという子どもの見方が，問題の場面を観察する者の頭のなかに知識としてあると，「乱暴な性格だからすぐ叩く，乱暴なことをしてはだめです！」という叱責になりやすい。また泣いている子どもに対しても，「泣き虫な性格を直しなさい。もっと強くなりなさい！」という指示になりがちである。このように，一般的に，個々の子どもを「そのような性格の子」として認識し，その性格を直そうとして叱責や指示がなされることが多い。もしこのような性格による子どもの認識が一切なければ，乱暴をした子どもの緊張を読み取り，「とっても腹が立ったみたいだね」ということばかけができる。また泣いている子どもの悲しみを読み取り，「痛かったでしょう，悲しいね」などということばかけができる。このように，叩いた子にも泣いている子にも，同じように心のケアをすることができる。

カール・ロジャーズ →
非指示的カウンセリングの創始者ロジャーズ（C. R. Rogers, 1902-87）は，子どもの心を理解するためには，その話を聞くにあたって no mind（無心）になることを説いている。
（出所：ロージャズ著，堀　淑昭編，小野　修訳『ロージャズ全集１　問題児の治療』1967年，岩崎学術出版社）

III - 2　再定義

性格の再定義

文献に見る性格の定義

　いくつかの心理学関係の辞典を調べると性格についての記述に一貫性がなく，「精神分析では個人の習慣的な行動様式を性格とよんでいる」という記述もあるが，簡潔な記述として次の例をあげる。

　「個人を特徴づける持続的で一貫した行動様式を性格という。語源はギリシャ語で『刻みつけられたもの』『彫りつけられたもの』を意味することから，基礎的で固定的な面をさすこともある。人格（パーソナリティー）と同じ意味で用いられることもあるが，習慣的には，人格が個人が保っている統一性を強調しているのに対し，性格は他者とは違っているという個人差を強調する際によく用いられる。また，人格には価値概念が含まれており，評価された性格が人格であるという見方もある」（『心理学辞典』1999年，有斐閣）

　この代表としてあげた定義に見るように，どの辞典の性格の定義も人間のなかに性格というべき「基礎的で固定的な」要素が存在するという前提があることがわかる。

性格の記述

　このように，人間のなかに性格という要素が固定的に存在するという発想にもとづいて，性格の記述が試みられてきた。その一つは，分裂病・そううつ病・てんかんという3つの精神病の患者の病前性格には各精神病ごとに共通する特徴があり，その病前性格を一見多様に見える人間の性格の典型例とみなす方法である。そこでは人の性格を「分裂性性格・循環性性格・粘着性性格」という3類型に分け，すべての人をそのいずれかに当てはめるので，類型的把握

とよばれる。

　性格のもう一つの記述法は，性格を表すために用いられている多くの表現のなかから，だれにもある程度共通する基本的な性向——特性とよばれる——を統計的に抽出し，各特性のプロフィールを描き出すという方法である。特性の例としては，抑うつ性・気分の易変性・劣等感・神経質・客観性・協調性・攻撃性・活動性などがあげられている。これらの特性は質問紙法によって測定され，たとえば劣等感なら「人前に出るのは苦手である」などの質問をして，どの程度苦手であるか（苦手でないか）を数段階の尺度上に印をつけてもらうなどして測定する。このような方法は特性的把握とよばれる。

伝統的な性格記述における問題点

　類型的把握にしても特性的把握にしても，そこには共通点がある。まずどちらも，先に述べた要素主義にもとづく発想である。しかし人間は常に環境と力動的な交流をもちながら生きる存在である。一時も環境から切り離せない。たとえば「人前に出るのは苦手である」かどうかを考えても，人前でのあいさつのときは元気いっぱいだが，歌を歌わなければならないときには緊張で歌えなくなる人と，まったくこの逆の人もいる。同じく性格検査の質問の「人の親切には何か下心がありそうで不安である」かどうかを考えても，特定の一人にだけそれを感じる場合もあり，その人と付き合わなくなったらその不安もまったく体験しなくなったということもある。このように，個人がおかれた状況を考慮すると，性格検査の質問には一概に答えられないはずである。

　類型的把握にしても，分裂性性格は「他の人に同調することが苦手で，現実的なことよりも非現実的な空想の世界を好む。その結果，周囲の出来事への関心の狭さや，人間関係を避ける傾向となり，自分の中にこもる孤独な生活を好む」と定義されているが，これも環境と切り離した記述である。

　次に，特に特性的把握の客観性という点から考えてみる。心理学が科学的であるためには客観的でなければならない。ところが，学校の評価で用いられる「自主性・正義感・責任感・根気強さ」などの用語を用いた記述は，集団行動を重要視する視点に立っていることを物語っている。また「抑うつ性・気分の変化・劣等感」などの用語を用いる記述は，神経症的な傾向を重要視する視点からの見方であることを意味する。このように，性格を記述することそのものが一つの視点や価値観をもとにした選択的認識である。人間の性格というよう

な多義的な存在の記述は，その観察者自身の選択的認識によるもので，本来主観的なものなのである。

性格を再定義する

　伝統的な心理学では，個人を特徴づける持続的で一貫した行動様式を性格という。この定義には，人間のなかに持続的で固定的な性格というべき要素が存在するという前提がある。その要素としての性格を記述する方法は，人の性格を分裂性性格・循環性性格・粘着性性格という3類型に当てはめて記述するなどの類型的把握と，だれにでもある程度共通して当てはまる表現を特性として統計的に抽出し，各特性の程度を測定してそのプロフィールにより記述する特性的把握とがある。

　しかし，人間は常に環境と力動的な交流をもちながら生きる存在であり，性格というものが実体として固定的に存在するのではない。ところが類型的把握も特性的把握も，共に環境とは切り離した記述である。もし個人を環境との関係において記述しようとすれば，具体的な出来事や体験談による記述になる。いずれにせよ人間存在という多義的な現象の記述は，常にその観察者自身の選択的な認識であり，主観的なものである。記述者の観察の視点次第で，同じ人物をまったく異なった表現で記述することもあり得る。

　現実の教育や保育の場を考えると，子どもの言動をもとに「積極的な性格」とか「内気な性格」など性格概念でとらえることは，流動的で絶えず発達する子どもを固定的な存在としてとらえることになる。また「自主性・正義感……」などの性格を表す用語が教育（保育）者の頭のなかにある限り，その概念で子どもを認識（評価）することになる。そうすると「あなたは自主性がたりない……」「正義感をもちなさい！」と説き聞かせることになり，子どもの心を理解したり，さらにケアしたりすることが困難になる。

II

だい2ぶ

●● 観察 ●●

9 自然観察

I 研究法

```
        ┌ 自然観察
        │              ┌ 行動観察 → 第10章
観察 ┤ 組織的観察 ┤
        │              └ 内面的観察 → 第11章
        └ 実験的観察 → 第3部　実験
```

自然観察と観察者

　心理学では観察する対象に影響を与えることなく人間行動の現象を眺めることを，**自然観察**という（自然環境の観察と区別して，自然的観察とよぶこともある）。学校や教師の許可を得て，じゃまにならないように授業を観察するなどがそうである。たとえば学校の校庭で体育の授業が行われている様子を見るとか，生徒の保護者として学校のなかに入ったとき，廊下を通りながら教室の授業風景を見るというような場合も，学校の自然観察になる。そのほか，学校の文化祭などの行事で学校に入るようなときも，学校の自然観察の機会になる。

　人間行動の現象を眺めることが単なる見物になるかそれとも自然観察になるかは，観察者の問題意識と，敏感さにかかっている。たとえば校庭の体育の授業で，生徒たちが同じユニホームを着て整然と整列し，教師の号令で行進する様子を見たとする。そこでただ立派な授業風景だと感心して終わる者もいれば，まるで軍隊のようだと感じ，なぜこのような授業があるのだろうと疑問をもつ

者もいる。あるいは教室の授業で，机が碁盤の目のように置かれ，生徒は静かに何も発言しないで教師の方に向かっているのを見て，統制のとれた授業だと思う者もいれば，子どもたちは本当に授業に参加しているのだろうかという疑問をもつ者もいる。

観察者がどのように現象に注目するかは，それぞれの専門性・興味・関心により，またその人の育った文化的な環境により異なってくる。先の体育の授業と軍隊との類似性や教室の静寂に対する疑問は，じつは外国の心理学者が日本の学校を観察しての疑問であった。また観察者は，漫然と観察するのではなく，注意を凝らし，そこに起きていることにできるだけ敏感でなければならない。「観察者は何一つないがしろにしてはならない。最も些細な事実からどんな大発見が生まれ出るか，彼は知らない」というのは，比類なき観察者であったファーブル（J.H. Fabre, 1823～1917）のことばである。だれもが当然のこととして見慣れたリンゴの落下に疑問を抱いたという近代物理学の創始者ニュートン（I. Newton, 1642～1727）の逸話も，「最も些細な事実からどんな大発見が生まれ出るかわからない」ことを言おうとしているのだろう。他の学問同様，教育心理学の進歩もこの自然観察から出発する。

観察者としての態度

人は観察する現象に対して，自分の価値観によりすばやく意味づけする。そしてその現象が意味づけられて自分の既知の知識体系のなかに位置づけられたとき，「わかった」という感覚をもつ。たとえば「不登校」ということばを聞くとき，それが初めて聞くことばでなければ，すでにその人なりのイメージで意味づけしている。その意味づけは大きく肯定的な意味づけと否定的な意味づけに分けられる。そこで，実際に不登校の子どもの行動を観察する場合でも，「班活動で1回だけ発言した」という同じ行動を肯定的な観察者は物静かと認識し，否定的な観察者は内向的と認識するようなことが起きる。このように先入観で判断するため，教師や学校を常に肯定的に見たり，問題とされる子どもを常に否定的に見たりするという観察になりやすい。たとえば学級崩壊を「困った現象」と否定的に見れば，子どもを問題にし，学校のあり方のなかにその原因をさぐろうとはしない。したがって科学的観察であるためには，観察者は自らの価値観に自覚的になって，判断の際にそこから自由になるための工夫が求められる。

観察記録の記述

　観察記録として現象を記述する際の基本は，観察者が観察したことを，主観や推測を交えずに，事実だけを具体的に書くことである。先の校庭での体育の授業の場合は，「25人の男子生徒が，上下とも青い色の体育着を着て2列に並び，上半身の姿勢を真っ直ぐにして両手を大きく振り，足並みをそろえて歩いていた。足並みは体育着を着た大人の号令に従っていた」と記述することができる。このような第三者も共有できる記録を客観的記述といい，こういう記述のみを科学的であるとして用いる心理学もある。

　しかし，意識をもつ人間をこのような観察可能な行動のみにもとづいて記述するなら，それは表面的であり一面的なものにならざるをえない。自然観察において，先の外国研究者の「まるで軍隊みたいだ」「なぜこのような授業があるのだろう」という観察者の主観が，ニュートンの逸話にあるように，発見の第一歩になることも多い。同時に，この観察者の疑問を解明するには，被観察者の主観も必要になる。たとえば生徒の「行進をするよりも皆で野球をする方が体育の授業になると思う」，教師の「団体行動を教えなければならない」というような主観は，重要な研究の資料となる。大切なことは，客観的記録と観察者の主観や被観察者の主観を，明確に区別して記録することであり，両者を混同しないことである。

観察者ファーブル →
「われわれの真理は，かりそめのものだ。それは明日の真理に無惨に打ち砕かれ，多くの矛盾した事実で紛糾してくる。そこで知ることの最後の言葉は疑いということになる」
(出所：ファーブル著，山田吉彦・林　達夫訳『ファーブル昆虫記』岩波文庫，1993年，岩波書店)

Ⅱ　エクササイズ

> 課　題

　学校を訪問し，授業中の様子を廊下から自然観察する。または保護者に開放された学校での行事に参加し，その自然観察の印象・感想・疑問など，自分の感じ取ったことを記録する。実際の学校の授業を観察できない場合，あるいは教育心理学の授業として行う場合は，学校を舞台にしたビデオや写真を観察する。そのための素材としては，ＮＨＫ教育テレビの番組「課外授業ようこそ先輩」のビデオが得られる場合は，その授業の様子をテレビをとおして自然観察する。なおビデオが得られない場合は，番組をそのままに本にした「課外授業ようこそ先輩」（1999年，ＫＴＣ中央出版）がある。

> 回答例

（1）「広島駅でのいやな体験」
「広島駅でのことでした。新幹線で広島に着いて改札口を出たときです。そこは大きな広場になっていて，まっ黒なのです。近づいて見ると，修学旅行の高校生グループです。黒色の制服を着た高校生たちはみんな立っていて，ぼくらが階段を下りるとき，「座れ」と非常に大きな声で先生が命令しました。生徒たちは一斉に座ったのですが，数人の先生たちが，彼らをにらみながら歩き回っています。強制収容所の監視のようです。学生たちがちょっとでも話をすると，「黙れ」と怒鳴るのです。これを見た母は，ぼくに『第二次世界大戦でドイツと日本が同盟国だったことがわかったような気がする』と言いました。でも，先ほど言ったように，ドイツでは今こんなことは考えられません。」
（出所：ピーター・フランクル『ピーター流らくらく学習術』(1997年，岩波ジュニア新書) (抜粋)

（2）「学校行事（コンサート）参加」
「休息時間が終わってそれぞれの用を済ませた人間が席に着きはじめると通路に何人かの厳しい顔つきをした男たち（女性がいたかもしれない）が現れ，何やら不穏な気配を漂わせて客席のざわめきの残るところを見つけては「こら

っ」「静かに」と指示しながらライトの落ちた闇の中を徘徊するのである。せっかく第二場の感動を期待していた私は興ざめになったばかりか闇のなかを蠢く耳障りでかつ目障りな教師たちに不快感すら感ずるようになった。その不快感を彼ら（教師も生徒も）は全く感じていないようだった。」
（出所：新谷恭明「学校教育現場を変えるには」慶應義塾大学出版会『教育と医学』1996年5月号」所収）（抜粋）

Ⅲ　再定義

学級集団の再定義

文献に見る学級集団の定義

ある教育心理学書には，学級集団が次のように記載されている。

　「学級集団は，学校の基本単位であり，担任教師と多数の児童・生徒とからなる公式集団である。教師にとっては，学習指導や生活指導を行う場であり，児童・生徒にとっては，生活の場であり，知識獲得や人格形成の場である」（白佐俊憲『教育心理学基本テキスト』1990年，川島書店）

　「学級集団の心理が問題とされるのは，学級が単に知識を獲得する学習活動の場であるだけではなく，そこで展開される人間関係を通して，社会的行動の基本的なものを身につける場，すなわち人格形成の場として重要な意味を持つからである」（同上）

　「学級編成にあたっては，教育的効果・能率を高めるために，個別化と集団化，均質化と均分化（異質化）などの原則にもとづいて，その規模や配分の基準が設定される」（同上）

以上のように，この本では，学級編成の目的を「教育的効果・能率を高める」

こととしている。さらに学級集団が「人格形成の場として重要な意味を持つ」と述べているが，実際には教室で不登校やいじめが存在する。他の多くの教育心理学書でも，観察という科学の基本的な方法による学級集団の実態の記述を怠っている点に変わりはない。

現実の学級集団

　学習指導を効率的に進めるために，教育制度はさまざまな工夫をするが，その一つは学級集団の均質化である。まず40人前後の集団を一単位として学級とよぶ。その学級は同一年齢の子どもからなる。さらに能力も均質にするため，特殊学級や特殊学校（養護学校など）が設けられる。中学校になると均質化はさらに厳しくなり，制服（標準服）が決められ，髪形やカバンなどの持ち物も校則で決められていることが多い。その違反者にはいろいろな罰則が適用される。さらにことばまでが均質化され，地域語（方言）は恥ずかしいことばとされ，生活語の使用が厳しくとがめられることもある。

　学習効率化のためのもう一つの工夫は，時間厳守である。登校時間・下校時間が決められ，その違反者は遅刻・早退の回数が数え上げられて通知表に記載される。1日の時間の過ごし方は，1週間のタイムテーブルで決められ，その授業時間への遅刻も厳しくとがめられる（1998年に栃木県で起きた黒磯北中事件も，生徒の遅刻とことばづかいと，反抗的態度がきっかけになっている）。学級集団は時間的にも監視されるが，空間的にも座席が指定され，座席表がつくられ，欠席者が一目でわかるようになっており，いわゆる一望監視システムとしてのはたらきをもつ。

　さらなる学習効率化のための工夫は，子どもどうしの競争である（その必要性を教育心理学書は学習指導の方法として伝統的に記載してきた）。学級は競争の場であり，級友は競争相手でもある。子どもの学業成績の序列は通知表に記載され，その保護者にも知らされる。授業の進め方の一つに班活動があるが，その目的は班競争であることもある。その班編成も能力別（習熟度別）の序列づけであることも多い。子どもは学業成績という単一の価値基準で評価され，賞罰を主な指導法とする授業では，子どもを教師が叱責することは当然のこととされている。

学級崩壊

　観察にもとづき現実の学級集団を上記のように記述しなおすと，均質化・時間厳守・校則と制裁（罰）・一望監視・競争・序列づけ，さらに叱責のもとで生活する児童・生徒としての子どもの苦悩が見えてくる。学校や教室という教育の場に不登校やいじめを生む環境があるのに，不登校対策・いじめ対策と個々バラバラに表面に現れた現象に振り回され対策を講じて，学級集団そのものを変える工夫はなされなかった。以前から授業中の離席行為は少数見られたが，学級崩壊を集団離席と見ることもできる。教室に座っての退屈な日常に限界を感じ，校則や成績で生活の隅々まで管理され窒息状態にある子どもの集団離席が，学級崩壊とよばれる現象であろう。

学級集団を再定義する

　学校において，学習指導をはじめとする諸指導のために教室に収容された集団が学級集団である。学級集団は性別を除いて同一年齢の比較的均質な集団であり，子どもは少なくとも1年間は特定の学級に固定化して編成されている。担任する教師は一人で，特に小学校は担任以外の大人（特に教師以外の者）が教室に自由に出入りすることはなく，固定性・閉鎖性をもつ。学級集団では1日の時間割が決められ，特に中学校は校則で服装・髪形・持ち物など統一がはかられる統制と監視の場であり，違反者は叱責や罰を与えられる懲戒の場である。学習指導の結果は教師に評価され，生徒どうしは序列づけされるので，学級集団は評価と競争の場でもある。このような学級を拒否する不登校は年々増加し，登校している子どもの間でもいじめが増加し，さらに離席や教師への反抗的態度により授業が困難になる学級崩壊の現象が出現している。
　これからの学級集団には，伝統的な学級集団の閉鎖性・固定性・均質性および学習効率優先を打破することが求められる。たとえば担任以外の大人（芸術家・スポーツマン・職人などのボランティア）が講師として授業に参加することにより閉鎖性を打破したり，子どもどうしで教えたり教えられたりする経験をもてるように異年齢の集団（班）の活動の時間を設け，学級の固定性を打破したり，異年齢児はもとより障害のある子どもや外国人など，多様な子どもからなる学級集団を編成することにより均質性を打破する，などである。担任教

師は，自らが子どもの多様性を受容するモデルであり，学校外からの講師を配置する授業コーディネーターの役割をもつことが期待される。また教師は，集団としての学習効率優先を改め，その子どもなりの学習のあり方を受容すること，等々の学級経営が求められる。

10 組織的観察1 ── 行動観察

I 研究法

```
                         ┌─特異的(微視的)観察 ┌─参加(フィールドワーク)
                         │                    └─非参加
            ┌─行動観察───┤
            │            │                    ┌─経年観察 ┌─短期的観察
組織的観察──┤            └─普遍的(巨視的)観察─┤          └─長期的観察
            │                                 └─異文化観察
            └─内面観察→第11章
```

組織的観察と仮説

　自然観察により生まれた疑問に対して，観察者は「なぜか？」と考え，その説明を試みる。その試みの説明が**仮説**であり，仮説を明らかにするという目的をもった観察が**組織的観察**である。たとえば9章の例（P.99）の，体育の授業と軍隊との類似性や教室の静寂からは，「学校教育というものは無秩序な子どもを秩序という枠のなかに入れ，生活秩序に子どもをなじませる機能をもっている」という仮説が可能である。この仮説を明らかにするために，学校での子どもの生活，たとえば登校から下校までの時間の規則性・教室の整理整頓・清掃の指導・服装検査・忘れ物検査など，具体的行動の確認作業をするのが**行動観察**である。そして，直感的方法により，生徒や教師の主観に沿った観察をするのが，次章に述べる**内面観察**である。

特異的（微視的）観察

　特定の時代・場所における特定の行動の観察を，**特異的（微視的）観察**という。現代日本の特定の時代（時間）における，ある特定の学校（保育所）での，たとえば先の仮説「子どもに規則性・秩序性を求めている学校の指導」を確認するための観察のような，焦点がしぼられた観察である。そのためには，たとえば1ヵ月の学校生活を登校時間から下校時間までくまなく観察することにより，時間励行・整理整頓・校則遵守などの指導を確認すればよい。しかし，たとえば「時間励行の指導」なら登校時間，整理整頓の指導なら清掃時間，校則遵守の指導ならホームルームの時間というように，確認しようとする行動が生起しやすい場面がある。そういう場面にしぼって観察する方法を，**場面見本法**という。もし「教室での離席行動は学年とともに減少する」というような仮説を確認する場合なら，たとえば全学年につき，特定の教室で1回の観察時間を10時から12時までの2時間とし，観察頻度を1日おきにして，観察期間を1ヵ月とすることにより仮説を確認することも可能で，このような観察法を**時間見本法**という。また，「離席行動は授業の進め方と関連する」という仮説を確認するためには，離席行動が見られるときと見られないときの授業の進め方を比較すればよく，この観察法を**行動見本法**という。

　以上のような観察を観察者として活動の外側から行うのではなく，自らが活動の一員として参加しながら同時に観察する場合を，**参加観察（フィールドワーク）**という。たとえば，補助教員や実習生として指導に参加しながらの参加観察が考えられる。このような観察は，学校や施設の日常の指導の実態を内側から第三者の目で観察できるという利点がある。一方で，観察者自らが観察対象である活動に参加していることによる制約もある。

普遍的（巨視的）観察

　たとえば非行や校内暴力を研究する場合，現在の日本文化のなかの子どもの観察だけでは，そのような行動をとる子どもの欠点を指摘して，それを原因であるとする結果に終わる場合が多い。学校のあり方や親子関係のあり方は，文化や産業構造や社会階層によって異なるものであり，また時代によっても変化する。現代の日本の学校や親子関係の観察からだけでは，非行や校内暴力の必

然性は見えてこない。そこで，視野を時間的・空間的に拡大し，これらの行動の時代による変化の研究や，あるいは他文化における研究が必要とされる。こういう観察を，**普遍的（巨視的）観察**という。

特に時代による変化を過去にさかのぼって観察する**経年観察**では，当然ながら特異的観察のような直接観察はできず，歴史資料・絵画・統計などの**資料観察**になる。

また，観察を空間的に拡大して，さまざまな学校，地域，文化間での違いを観察することもできる。特に，諸外国，諸民族の事例の観察は，**異文化観察**といわれる。

経年観察

まず，統計資料をもとに，非行発生件数・不登校発生件数・校内暴力発生件数の推移を見る観察がある。主に戦後の教育問題の統計を短期的に見るものや，さらに長期的に，教育という行為が始まって以来の教育のあり方の変化の長期的観察もあるだろう。こういう長期的観察の資料としては，たとえば中世の子どもの生活を記録した絵画や文書，時代とともに変化する育児書があり，これは教育史の研究対象でもあるが，歴史心理学とよばれる領域の資料でもある。

たとえば不登校は，問題行動の代表的なものとして治療の対象とされてきた。しかし，長期的観察をすることにより，日本が農業国であった時代は農繁期にほとんどの子どもが不登校になること，不登校をする子どもの中には創造的な活躍をした人々が多く存在したことを知ることができる。そして不登校は，現在の日本文化に支配的な学校的価値観のもとで問題視される現象で，知的障害や精神疾患などがなければ，それだけで問題児であるとは言えないことがわかってくる。

なお，観察を未来に拡大し，対象となる人々を，何年も，ときには数十年にわたって，追跡し観察する方法がある。こうすることによって，実時間で社会の変化と観察対象の変化を追跡することが可能となる。（過去，未来へ拡大した事例観察については，第Ⅳ部の第15章を参照。）

異文化観察

学校のあり方や家庭のあり方は，時代によっても違うが，同じ時代でも，地

域により，文化により異なる。一つの時代，一つの地域の学校を観察しただけでは，その行動が子ども一般に共通して見られることなのかどうかはわからない。先の経年観察は時代をとおしての変化を知るための観察であったが，異文化観察は同一の時点における，異集団，異文化の観察である。

異文化の観察は，私たちがあたり前と思っていることも，じつは非常に深く文化に規定されたものであることを教えてくれることが多い。異文化間の研究は，古くはアメリカを中心に，人格形成の一環としての育児文化の観察をとおして行われていた。未開民族やアメリカ原住民の育児方法を観察し，その民族に共通の性格特性との関連を明らかにしようとするものであった。その結果，たとえばアラスカのある狩猟民族は，「教える・教えてもらう」という概念をもたないために，自ら試行錯誤で覚えるという方法で英語を話せる者もいる等の事実が，文化人類学者により報告された（原ひろ子『子どもの文化人類学』1979年，晶文社）。これらの研究成果は，研究者が観察対象の人々と生活を共にする**エスノグラフィー（民族学的方法）**によるところが大きい。

異文化観察によって，日本文化では不登校を問題視するが，外国には親による在宅学習（ホームスクーリング）を合法的に認めている国もあることがわかる。現在の日本で社会問題にもなっている子どものいじめや自殺，さらに他殺などが見られない国（オーストラリアニュージーランドなど主な産業が今でも農業や牧畜であるような国々）が存在することも明らかになる。日本文化だけを対象にした特異的観察の研究では子どもの欠陥を指摘するだけになりがちであるが，子どもに同じ問題行動の見られない文化との比較研究が，解決の手掛かりを与えてくれるだろう。

II　エクササイズ

課題1　非参加観察

子どもの教育を長期的経年観察で調べると，学校制度ができる以前は，別に本業をもつ職人や僧侶などが仕事の片手間に教えていたことが明らかになる。そこで，組織的観察として「教師以外の，その道の専門家による授業」を（1）〜（5）の手続きを参考にして企画し，その実践を観察し，職業としての教師

の授業と比較する。

(1) 仮説
①子どもは本来好奇心をもっている。
②教える者が自ら感動する内容であれば，子どもも本来の好奇心を発揮し，授業に熱中する。

(2)「教師以外の，その道の専門家」の授業の例

〔理科の例〕　　　　①気象台の職員による気象観測の授業
　　　　　　　　　　②医師（校医）による体の構造の授業
〔社会科の例〕　　　①裁判所職員による司法制度の授業
　　　　　　　　　　②弁護士による憲法の授業
　　　　　　　　　　③博物館・美術館の学芸員による授業
〔その他の科目の例〕①音楽家による音楽の授業

(3) 授業の企画が困難な場合
　学内での教育心理学の授業として，次のようなビデオを利用してもよい。このビデオは主な公立図書館に備えてあるが，手に入らない場合は，この番組を記録した『課外授業ようこそ先輩』（全10巻，1999年，ＫＴＣ中央出版）の逐語録を読む。（ビデオ例：ＮＨＫ教育テレビ「課外授業ようこそ先輩――ダビンチ先生の美術解剖学教室」）

(4) 観察記録
　授業をする講師の態度およびその授業を受ける生徒の態度を記録する。態度の記録とは，講師と生徒それぞれの具体的な表情やことば使い，授業の進め方やその他の動きのことである。記述の仕方は，たとえば「講師も授業をすることを楽しんだ」と結論を書くのではなく，「講師『私も楽しい時間を過ごせました』」とせりふそのものを記述する。

(5) まとめ
　その記録をもとに，①仮説の確認と，②従来の教師による授業との比較をまとめる。

課題2　参加観察

　教育実習や社会福祉施設実習の機会をとらえ，あらかじめ観察目的あるいは仮説を設けて，その学校・施設の指導について参加観察する。たとえば指導のあり方と生徒（入所者）の意欲は関係するという仮説のもとに，罰（体罰）の実態を観察する。実習の本来の目的は，その学校（施設）の指導法を批判することなく取り入れることであるが，研究目的をもって実習に臨むことにより，より客観的態度で観察することができる。

回答例

課題1について

（1）観察記録

　授業の企画が困難な場合の例としてあげた「ダビンチ先生の美術解剖学」の観察記録

〔講師〕職業：美術評論家・名前：布施英利　〔生徒〕小学6年生　〔観察者名〕桜井陽子

講師の観察記録 （仮説に関する態度・表情・ことば等）	生徒の観察記録 （仮説に関する態度・表情・ことば等）
・教科書の上でしか教えない解剖を実際にやってみる。 ・子どもの作品を否定的に言わない。たとえば「図鑑の絵に似ている……皆さんの教養が現れている」と言う。 ・注意を与えるときでも命令的な口調・内容のことばづかいをしない。たとえば「刃物ですので手が切れます。手が切れれば血が出ます。緊張感をもってください」と言う。 ・魚を解剖することにより，子ども自身にいろいろなことを発見させていた！ ・単なる知識を教えようとはしていな	・講師が話すときは皆が静かにして聴いている。講師を凝視して，真剣なまなざしである。 ・解剖をやりたくて楽しみな様子。 ・自分で釣った魚が目の前にあることでとてもうれしそう。ことばでも「やりたいです。楽しみです」と言う。 ・解剖が始まると臭いや血を怖がることなく，魚に顔を近づけて熱心に解剖していた。 ・発見している。たとえば「ほらあった！」の声。その他「卵があるからメス。浮き袋がある。いやな臭いが

い。たとえば「理科は知識を学ぶのでしょうが，私は解剖をとおしてそれ以上に生きていく在りようを教えたい」
・講師自身も授業から学んでいる。たとえば「子どもは変わるんだということがわかった。ぼく自身楽しかった。教えることをとおして芸術の意味を考え直した」と言う。
する」と言う。
・はじめに描いた絵とはまったく違った視点で描かれた絵が多かった（コミカルなものやリアルなものや抽象的なものなど）。
・授業が終了して子どもは生き生きとした表情で感激を伝えた。たとえば「生きるってすばらしいと思った。いろんなことがわかって楽しかった」と言う。

仮説の確認	「この思い・感動をどうしても伝えたい」という気持ちをもっていると生徒にそれが伝わり感動する。仮説の「教えるものが自ら感動する内容であれば，子どもも本来の好奇心を発揮し，授業に熱中する」ことは確からしい。

（2）従来の教師による授業との比較

教育心理学の授業に参加した学生があげたものは，次のとおりであった。なお，以下に記載する意見の他，子どもたちの授業態度がよいのは，カメラや撮影されていることを意識しているからではないかという発言もあった。

①教師の生徒に対する態度に関するもの
・講師は教えるのではなく，子どもが自ら学びとる状況づくりをしている。
・講師は自分の教える内容に魅了されているのがわかり，生徒にそれが伝わる。
・講師は相手が子どもでも丁寧語で話し，命令調にはならない。
・講師は叱ったりどなったりしない。
・講師は生徒の作品や発言を否定的に評価することがない。
・講師は教科書を使わなかったが，授業を自分なりに組み立てられた。
・単なる知識の受け売りではなく，講師自らの考えを伝える授業である。

②生徒の態度
・講師はあまり板書しないので，生徒もノートはとらず，聞き入ってい

た。
・教科書を用いないせいか，講師の話に傾聴していた。
・否定的な評価を受けるという心配がないせいか，のびのび発言していた。
・講師の感動が子どもにも伝わったせいか，授業の後には感激していた。
・授業中も楽しそうで，終了後も「楽しかった」と言う。

課題2について

二つの知的障害者の施設における実習生として参加観察をした実際例を示す。指導方針と入所者の勤労意欲の関係が明らかにされている。

	指導方針（実際の指導）	入所者の勤労態度
A施設	（1）入所者の体力を配慮し楽しく作業する。 （2）入所者の意思・意見を尊重する。 （違反には許容的で体罰に限らず何らの罰もまったく用いられない。）	作業の時間にならなくとも農園に来て作業をしている者もいるし，作業終了後も作業を継続したり，終わらない者を手伝ったりしている者もいる。
B施設	（1）職員同様入所者にも厳しさを。 （2）身体を動かし汗を流して働くことを何よりも大切にする。 （作業の怠慢に対し，指導員による罵声や殴るなどの体罰が日常的に見られる。）	指導員が現場から離れると，入所者は作業を止めてしまう。再び指導員が戻るやいなや入所者は突然作業を再開する。働かない者に対し入所者どうしのいじめもある。

Ⅲ　再定義

教師の再定義

文献に見る教師の定義

　教師とは職種を表すことばで，法律上は教員という用語が用いられる。心理学辞典には，たとえば教師の意味が次のように記載されている。

　　「職業として人の発達や学習を援助する人のことをさす。教師の中心的な仕事は教えるという活動である。それは，教師が個々の学習者に対して教育的に働きかけることをとおして，学習者のうちに学ぶという活動を生み出すことを意味する」（『心理学辞典』1999年，有斐閣）

　この定義には「教師の中心的な仕事は教えるという活動」とあるが，現実には「教科書を教える人」といえる。この辞典に限らず，国語辞典も教師を次のように定義している。

　　「①学術・技芸を教授する人。
　　②公認された資格をもって児童・生徒・学生を教育する人。教員。
　　③宗教上の教化をつかさどる人。」（『広辞苑』第5版，岩波書店）

教師の法律上の位置づけ

　学校教育法にもとづき，教師は指導要録・出席簿を作成することが義務づけられている。指導要録には，各教科の学習記録すなわち学業成績の評定のほか，行動および性格の記録欄の評価項目がある。この指導要録のような法的な根拠はないが，教師は通信簿に子どもの学業・行動・性格・身体状況・出欠を記録し，その保護者に報告する。このように法律上の教師の位置づけは，成績のみならず行動や性格までも評価する「評価する人」である。さらに学校教育法で懲戒権を与えられており，教師は「懲戒する人」でもある。

観察による教師

先のエクササイズで観察した講師は「感動を伝える人」であるのに比べ，現実の教師は「教科書を教える人」ということができる。あるテレビ局が企画した教師と生徒の討論会で，生徒がもっとも問題にしたのは，教師の体罰である。教師の体罰に対する子どもからの異議申し立てに対して，番組に登場した女性教師も含め誰一人として，「体罰は絶対に反対である」と明言した者はいなかった。それどころか「体罰は必要であると思うことがある」とか「相手もなぜドツカレルかわかると思ったときにはドツク」と発言しているところから，教師は程度の差こそあれ体罰を肯定していると予想できるので，「罰する人」といえる。

同じテレビ番組の討論会で生徒が問題にしたのは，教師による通信簿と内申書のための評価である。その討論の観察から知り得たのは，学業成績の相対評価に関しては教師もまたその矛盾に悩みながらも，評価そのものは肯定していることである。しかし，「観点別評価の項目に関心・意欲の項目があるが，このような事柄は本人しか知りえないのに教師はどうしてわかるのか」という質問をはじめとするさまざまな行動の評価に関する生徒の質問に，答える教師はいなかった。このように，教師は生徒の行動についての評価を客観的で正しいと信じている「評価する人」といえる。

日本の学校の教育を受けた者ならだれしもが観察した教師の姿は，遅刻や欠席を調べ，遅刻者には注意を与える姿である。同じように，主に小学校では衛生検査・忘れ物検査・宿題検査が行われる。中学校になると服装検査や持ち物が校則どおりかどうかの検査も行われる。清掃時間も教師の立会いがある。さらに，校内パトロールや登校時間に学校の敷地の四隅に複数の教師が立って，登校する生徒を見ている姿を観察できるところもある。このように，教師は「監視する人」でもある。

養護教諭との比較

以前の保健室は身体的な不調を訴える生徒が利用するところであった。最近では身体的な治療を求めて行くところというよりも，精神的な休養のために利用されているという。そのような保健室の精神的なケアをする癒しの場として

の機能が定着して，保健室登校ということばも一般化したのだろう。このことは保健室が癒しの場として，養護教諭が「ケアする人」としての機能を果たしていることの現れでもあるだろう。

　生徒の精神的な問題や行動への対応という視点から，教師は欠点を矯正し，弱点を克服するように指導する「直す（cure する）人」である。教師は「頑張りなさい」,「もっと明るくしなさい」,「積極的に行動しなさい」と日常的に直すことに熱心である。

教師を再定義する

　法律上の教師の位置づけは「評価する人・懲戒する人」として立場が保証されている。そして実際の観察にもとづく教師も「教科書を教える人・罰する人・評価する人・監視する人・キュアする人」である。そのような教師に一般国民もかつては権威を感じていた。時代も変わり，1970年代後半から，教師がその地域で唯一の高学歴者であった時代に代わって，高学歴社会が到来した。さらに情報化の進展によって，学校はもはや唯一の情報源，あるいは学びの場ではなくなる。このような状況のもとで，教師というだけでは子どもは権威を感じることはなく，それ以来教師は，その役割を果たすために，より権力的に生徒に対峙するようになる。

　これからの教師は「教師は教える人，生徒は教えられる人」として固定化するのではなく，子どもを自ら学ぶ存在と認識し，大人と子どもの仲介者（コーディネーター）として社会・文化にいざなう役割が考えられる。たとえば司法制度の学習なら，裁判所の見学，法廷の傍聴，弁護士など専門家による授業，さらに生徒による模擬裁判等々の企画というように，いわば「授業コーディネーター」としての役割が考えられる。もし気象の学習を例にあげれば，気象台の見学，気象予報官の指導のもとに，生徒による気象観測や予報の実習等々をコーディネートすることになる。

　学業から離れた子どもの生活においても，悩み・問題行動・健康問題に対してカウンセラー・養護教諭・主治医と連絡をとったり，学校外の教育相談所や児童相談所と連携をとり，保護者を相談に行くようすすめるというような，いわば「教育相談コーディネーター」としての役割も考えられる。さらに生徒会や討論会などの自治活動を援助する人，いわば「学級コーディネーター」としての役割が考えられる。

11 組織的観察 2 —— 内面観察

I 研究法

```
           ┌ 行動観察 → 第10章
           │
組織的観察 ┤         ┌ 心理検査（質問紙法・投影法）
           │ 内面観察 ┤ 作品観察法
           │         │
           │         └ 面接 ┌ 面接者中心面接（分析的方法）
                            └ 被面接者中心面接（了解的方法）
```

心理検査による内面観察

　子どもの内面を理解するための心理検査のうち，特に**質問紙法**は，客観的・科学的であるとして性格心理学，社会心理学，臨床心理学などの領域で発展し，広く利用されてきた。また，質問紙法よりも客観性はないのだが，特別な技術や用具を必要とせず，日常の学校生活のなかで教師が用いることのできる方法として，**HTPテスト**がある。3枚の白紙を用意して，木（T）・家（H）・人（P）の順で描かせるが，描くにあたっては，「一本の樹（一軒の家・一人の人）を描きなさい」とだけ指示する。木と人の絵には作者自身が，家の絵にはその家庭が投影されると考えられている。たとえば樹木画なら，健康な子どもの描く樹木は，枝は空に向かって伸びようとし，幹は直立し，根がしっかりと地面に着いている成長途上の植物を感じさせる。逆に，折れた幹からは大いなる喪失体験を，あるいは先端を切られた枝からは芽を摘まれる思いをした体

験を読み取ることができる。同様に健康な子どもの描く人物画は、その表情や動作に活気があり、服装にも個性が表現され、生命感を感じ取ることができる。

　ＨＴＰテストと同じく投影法である**文章完成法**は、子どもの自己像を知りたいときは「私は」で始まる文章を、家族関係を知りたいときは「父（母）は」で始まる文章を子どもに書かせ、その内面をとらえようとする方法である。子どものどのような側面をとらえたいかにより、書き出しのことば（刺激語）を選択し、設問を構成する。実際に用いるにあたっては、「私は」で始まる文章のみを20問完成させるなどする。この方法で、子どもの具体的な日常生活や趣味・特技・関心をはじめ、自己肯定感・自己否定感などを知ることができる。

　これらのテストはある意味で、たしかに被観察者の内面をとらえている。しかしそのとらえ方は、あくまでも自己像や家族関係などという観察者の枠組みによる、外からの理解である。特に標準化されて客観的・科学的とされる質問紙法による情報は、テスト作成者の枠組みに生きた人間存在を当てはめたものであり、さらに統計的処理がほどこされるため、何重にも抽象化されて被験者からかけ離れたものとなる。そこに生きた人間の姿を読み取ることは、もはや不可能である。投影法は分析せずに全体としてとらえれば、質問紙法より被験者の生きた姿をとらえられる。

作品観察法による内面理解

　子どもの内面理解の資料には、学校生活のなかで子どもが創作する作文・日記・絵画などの作品がある。これらの作品には、作者の内面が投影されている。作文を文章の表現力として、絵画を描画技術として評価できるだけではなく、その表現されている内容から、子どもが生活のなかで抱えている問題や精神状態を読み取ることができる。特に絵画は、たとえ1枚の樹木画や人物画の場合でも、作文や面接で得られる言語的な表現よりも如実にその内面の苦悩を物語っていることがある。次の2枚の絵はそのような例である。

（1）家族の人間関係を読み取れる絵日記

　小学1年生が冬休みの宿題「ふゆ休みのおもいで」として提出したもの。その絵には本人を蹴る兄と、その側で妹も手をたたいて喜んでいる様子が描かれている。文章の最後に担任が『けられると痛いね。机も椅子も壁も痛がってい

11　組織的観察2——内面観察　121

【家族の人間関係を読み取れる絵日記】

ふゆ休みのおもいで
ちってけった

一年

いちゅうぼくのうンチは、たえ茶は
○○がべチゃべチャしたた
いもいました
にいちゃん、うやめて
いやだとおもいまし
た。
もう、つけられたくな
いとおもいました
いたいやだとおもいまし
た。
おもいました。
けられるといたいね
つくえもいすもべも
いたがってるよ。

【非行の中学生の樹木画】

冬村
生きてる

上に持ちあげてる人がある

傷ついてる
むしか

るよ』という本人の学校での乱暴をたしなめるコメントがある。たしかに学校では不満があると暴れ,教師たちはそのたびに本人を押さえ込んだ。もし仮に家庭での辛さと悲しみを担任が読み取り,この子が癒されていれば,教室で攻撃性を発散させることもなかったと思われる。

(2) 非行の中学生の樹木画

この少年の内面を樹木画で見ると,成長途上の樹木の幹を切断されるような辛く苦しい外傷体験をしており,その結果,枝がしおれて下を向くように向上心を喪失している状態を理解できる。しかし現実には非行の生徒はその行動を善悪で判断され,暴力性や逸脱性のみが観察の対象にされる。その結果学校の秩序を乱し,迷惑をかける存在として処罰の対象にされ,ときには警察に引き渡される。本当に必要なのは,この外傷体験のケアなのである。

面接による内面理解

個々の子どもの内面を理解するための基本的な方法は,観察者と子どもが相談室などで個別に会う面接である。ただし,どのような情報が得られるかは,面接者と被面接者の人間関係に影響を受ける。信頼関係のない者が面接しても表面的なことばのやりとりで終わる。人は自分をわかってもらいたい人で,かつわかってくれる人にのみその内面を吐露する。その内面理解の面接は,面接者の態度により二つに分けられる。一つは面接者が得たい情報を求めるための**面接者中心の面接**である。たとえば学校では進路調査があり,ときには出来事の経緯や理由を問いただす調査もある。また医療における診察や選考における評価のための面接も面接者中心であり,それは診断・評価項目による分析的方法によってなされる。

もう一つは,面接者が被面接者の伝えたい思いをあるがままに汲み取ろうとする**被面接者中心の面接**である。「あるがままに汲み取ろうとする」ためには,ひしゃくを空っぽにして水を汲むように,面接者の心も空っぽにして虚心にならなければならない。この面接態度をもっとも徹底させたのは,精神分析の創始者フロイト (S. Freud, 1856〜1939) である。彼は患者を寝椅子に寝かせて,思いつくことを自由に語らせた。今では精神分析の面接の古典的技法とされるこの方法は,**自由連想法**とよばれる。医師であるフロイトが問診(面接者中心面接)とかけ離れたこの方法を発想する原点は,人間の内面を理解するために

は問診を中心とする診察に限界があることに気づき，科学的精神医学では見えてこない現象，すなわち患者が担っている人生の苦悩と不安を了解的に読み取ろうとしたことにある。

しかし，フロイトも自由連想で得られた心理現象を因果関係で説明するところは，「説明的方法と了解的方法」の混同であるとして，ヤスパース（K. Jaspers, 1883～1961）により批判される。ヤスパースは，自然現象を因果関係で説明する自然科学に対して，精神現象を「意味あるもの」として了解していく精神科学を区別したディルタイにならい，**了解的方法**を試みた。それは感情移入的な追体験により被面接者を共感的に理解する方法であり，後にロジャーズによりカウンセリングに取り入れられて発展した。たとえば問題行動を起こした子どもへの面接者中心の面接は「取り調べ」になるので，その内面を明らかにできず，その行動は，子どもの短絡的行動や衝動的行動などにされてしまう。

II　エクササイズ

課題1　心理検査

教師生徒関係についての次の仮説を確かめるために，文章完成テストのひな型にならった自作の文章完成テストを用いて，中学校で調査を実施する。教育心理学の授業でこの調査を行う場合は，学生は中学校時代に立ち返り，ひな型

自由連想法の創始者フロイト →

「あなたの頭に浮かんだすべてを，たとえそれが今の問題には関係ない，あるいは無意味なことに思われても一切を話してください」という自由連想法こそ了解的方法の原点であった。彼は精神分析という語については「科学者の行う分析の比喩には限界がある」とし，要素への分析と似て否なることを述べている。
（出所：S. フロイト著，懸田克躬訳『自らを語る』1969年，日本教文社）

に従い自分のノートに完成文を記入することにより模擬調査を試みてもよい。さらに「結果の整理」をもとに記述された内容を分類し，その結果を集計する。

（1）仮説

中学生の教師生徒関係においては，その学年が進むにしたがって，生徒による教師への批判的見方や疑いのまなざしが増加する。

〔文章完成テストひな型〕

「先生」のイメージは？

学校の先生についてあなたがもっているイメージをもとにして，「先生は」で始まる次の文章を完成させてください。特定のA先生やB先生のことではなく，どの先生にもだいたい共通するイメージをもとに書いてください。できるだけ10の文章を書いてください。最後に記入者の性別と学年だけ記入してください。

（1）先生は，＿＿＿＿＿＿＿＿＿＿＿＿＿＿
　　　⋮　　　　　　　　　　　　　　　　　（同じ「先生は」で書き出す
（10）先生は，＿＿＿＿＿＿＿＿＿＿＿＿＿　　文章完成題10問）

　　　　　　　　　　性別（　　）　　学年（小・中・高　　年生）

（2）結果の整理

テスト用紙の完成文1～10の記述の内容を，次の基準で分類する。その分類別の学級合計と，合計を回答枚数×10（記入欄の数）で割って分類別割合を出す。

　　尊敬　respect　――「尊敬する人です」「見習うお手本」などの尊敬の念
　　　　　　　　　　　　の表明
　　肯定　affirmative ――「頭がいい」「やさしい」などの肯定的な感情の表明
　　中間　neutral　――「放課後も忙しい」「歌が好き」などの客観的な事実
　　　　　　　　　　　　のみの表明（無記入の数も含む）
　　否定　negative　――「疑い深い」「すぐ怒る」などの否定的な感情の表明

内容の分類	尊敬 respect	肯定 affirmative	中間 neutral	否定 negative
学級合計				
分類別割合				

課題2　面接

　次のような訴えを教師として聞いたと仮定して，（1）最初に頭に浮かんだ答え方・応じ方を書いた後で，（2）それを教師・被面接者のいずれが中心の応答かに分類する。

〔被面接者Aさん（男・13歳・万引きで補導された後の面接）〕

　おやじは家で気分屋なんです。何かいいことがあったり機嫌がいいと僕にも話しかけてくるんですが，ふだんは僕が話しかけても無口な人です。機嫌の悪いときはおっかねえから離れていることにしてます。でも機嫌のいいときはタバコをくれたりメシをつくってくれることもあります。おやじは昔いろんなことをしてきたみたいなんで，世間のことをよく知っているみたいです。かあちゃんは昔おっかなかった。小学生のとき，言うことをきかないとバットでなぐられた。痛かったっけ。おやじでも帰りがおそいと家のカギをしめられたり，けられたりしていた。僕が小さいときからとってもきびしかった。こずかいをくれというと「そんな金ない」と言ってどなられた。だからお菓子の万引きは毎日していた。

〔被面接者Bさん（女・14歳・シンナー乱用で補導された後の面接）〕

　小さいころからあまり母親のそばで甘えたこともないし，楽しかったことといえば，犬と一緒に寝たり，おばあちゃんに甘えたりしたことぐらいかな。そんなわけで私が中学になってぐれても，ほとんど何も言わない親だった。タバコをすっているのだって，知っているはずなのに何も言わないで，出しっぱなしの灰皿を黙って片づけてしまうだけ。シンナーの袋も何も言わずに片づけてしまう。長いスカート引きずって，髪そめて落書きだらけのカバン

下げてたって,「街に行くのにそんなんじゃ恥ずかしいね」とか言うだけ。私は家族と一言も口きかなかったし,ごはんもかってに食べてかってに片づけた。小づかいなんて親からもらったこともない。前に何かをねだったら「くだらないことに使うんならお母さんが飲みに行くよ」だって。だから援助交際でお金を稼ぐしかなかった。

〔被面接者Ｃさん（女・16歳・しばらく学校を休んだ後での面接）〕
　私は人前に出ると何も言えなくなるんです。会議の席では体が固くなり,自分の発言の番が近づくにつれて,心臓がドキドキして,冷や汗が出て,喉に何かつまったようになり,声が出なくなってしまうんです。無理にしゃべるとどもったり,息がつまって呼吸も苦しくなるほどです。しゃべってから,何か失敗したと思ったり,何か言い忘れたような気になり,顔が赤くなるのを感じるんです。皆の視線が痛いように感じるんです。

荘子① →
荘子は「これを聴くに心を以てすることなくして,これを聴くに気を以てせよ」（人間世篇・第四）と聴く態度を示した。自分の「心」ではなく,「気」すなわち虚心に聴くことであると述べたのである。

> 回答例

課題1について

(1) 記入例と分類例
【文章完成テストの記入例】

```
(1)先生は、自分たちのことをしったかぶりしていて本当はなにも分かってない気がする。
(2)先生は、いやみ。
(3)先生は、あまり好きじゃない。
(4)先生は、夏とかかき氷とかせん風機とかあたってくずるい。
(5)先生は、新しい先生で最初はいいなって思うけどあとになるときらいになってくる。
(6)先生は、たばこをわるいって言ってるくせにたばこをすっている。
(7)先生は、シャープペンシルを使わせてくれない。
(8)先生は、ひいきしてる。
(9)先生は、いばってる。
(10)先生は、「いいなー」って思ったことはない。

                性別(女)  学年 小・中・高  5年生
```

【分類例】

分類	尊敬	肯定	中間	否定
番号			(6)(7)	(1)(2)(3)(4)(5)(8)(9)(10)
計	0	0	2	8

(2) 文章完成テスト実施の方法と結果

①**調査の実施者**：公立中学校の校長を通して学級担任に調査を依頼し，担任が自分の学級の生徒に教示して調査を実施した。

②**調査の対象**：公立中学校の各学年の1学級を任意に選んだ。調査対象の生徒数は1年生35人，2年生33人，3年生28人であった。無回答（白紙提出）は3年の2名のみであった。

③**実施方法**：ホームルームの時間に「ある大学から調査の依頼があったので協力してください。時間制限はないが，なるべく30分ぐらいで提出してください」と生徒に教示した。

④**回答内容の分類方法と分類者**：先の分類方法の実際例に従い，大学生3人の話し合いで分類した。

⑤**集計方法**：まず個人ごとの回答を分類し，次に尊敬・肯定・中間・否定の各分類ごとのクラス合計を出す。その分類ごとの合計を回答枚数×10（記入欄の数）で割って割合を出す。

⑥**結果**：生徒は自分が書いたものを担任教師に見られるという不安から表現が少なくなったり歪曲して表現するのではないかという心配もあったが，実際には空欄は少なく，批判的な表現も必ず含まれており，そのような懸念の必要はなかった。集計表は次のとおりであるが，「分類された数÷（回答枚数×10(記入欄の数))」の値（％）を出して，その「尊敬＋肯定」対「否定」を見ると，1年では「尊敬＋肯定」＞「否定」であるが，2・3年で「尊敬＋肯定」＜「否定」と逆転する。

【中学生の学年別の集計】

学年	尊敬数(％)	肯定数(％)	中間数(％)	否定数(％)	学級人数(白紙数)
1年	34(9.0)	73(20.0)	164(46.0)	85(24.0)	33(0)
2年	9(2.7)	25(7.6)	254(77.0)	42(12.7)	33(0)
3年	5(1.9)	40(15.4)	153(58.8)	65(25.0)	28(2)

課題2について

　被面接者中心の応答とは，被面接者が述べた内容・考え方・感じ方など特に「今ここで」感じている感情を正確に面接者が理解していることを示そうとする応答である。

	面接者（教師）中心の例	被面接者中心の例
A	・万引きはどんな物をとりましたか。 ・いつからタバコを吸い始めましたか。 ・そのような生活は何時から始まったの。	・お母さんは厳しくて，おこずかいを欲しいと言っても逆にどなられたんだね。 ・お母さんにも甘えられなかったんだ。
B	・学校はどのくらい休んだの。 ・タバコは体によくない。 ・援助交際はもう止めなくちゃいけない。	・お母さんにも甘えられなかったんだ。 ・あなたが何をしてもお母さんはあまり関心を示さなかったんだね。
C	・人前でいやな体験でもありましたか。 ・小さい頃はどうでしたか。 ・いわゆる対人恐怖・赤面恐怖ですね。	・冷や汗が出て辛そうですね。 ・顔が赤くなるのを感じるんですね。 ・皆の視線が痛いほど感じるんですね。

　面接者（教師）中心と被面接者中心の二つの面接を比較すると，前者が教師と生徒の面接であるのに対し，後者はそのような立場上の関係から自由な個人と個人の関係（我・汝関係）にある。すなわち前者は教師による非行あるいは神経症の生徒に対する面接なので，そこから知りうるのは非行や神経症に関する事実のみで，個人の理解ではない。後者は教師あるいは治療者という役割を捨てた一個人によるAさんやBさんという個人に対する面接なので，そこから知りうるのは各個人の内面（真情の吐露）である。また前者は分析的（科学的）

方法であるが，後者は分析をしないという意味で了解的（直観的）方法である。

Ⅲ　再定義

教師生徒関係の再定義

文献に見る教師生徒関係の定義

最新の心理学辞典には，教師生徒関係が次のように記載されている。

「教育的に適切な教師生徒関係の質は，生徒の発達の様相や個性によって異なるといえる。ただし，一般的には実際の教育実践で生徒の自発的な学習活動を創出するためには，教師の指導性を発揮する必要があり，その前提として教師生徒間に信頼関係を築くことが必須の条件となる。その際，生徒を共感的に理解しようと努めることが教師の態度として重要であり，教師が自分たちに絶対的な価値をおいているという感覚を生徒がもつとともに，教師の指導による自らの能力の伸長を生徒が実感し，その指導が適切かつ有効であると判断している場合に信頼関係が高まるといえる」（『心理学辞典』1999年，有斐閣）

このように，辞典の教師生徒関係の記載は，学校で実際観察される関係の記述ではなく，抽象的な理念の記載に終始している。単なる理念の記載は定義とはいえない。現実の教師生徒関係がどのような関係にあるのかを記述し，その関係がなぜ生じるのかを明らかにして初めて，実証科学における定義といえる。さらに上記の辞書に信頼関係が生まれる条件が述べられているが，その根拠が言及されていない。

制度上の教師生徒関係

　第10章の「再定義」で述べたように，教師は学業成績や行動および性格を評価し，それを指導要録に記録し，通信簿をつけて保護者に報告する。さらに中学校では内申書を作成し，生徒の受験校に報告する。このように教師生徒関係は，指導要録・通信簿・内申書で「評価する者とされる者」の関係である。
　さらに学校には校則があり，生徒心得などとして生徒に遵守することが求められ，その違反者は教師により何らかの罰を受ける。このような規則という形ではなくとも，宿題や提出物を忘れた場合も，生徒は何らかの罰を与えられる。このような罰は，懲戒権として学校教育法で保障されている。このように教師生徒関係は，「懲戒権を行使する者とそれに従う者」の関係にあるといえる。

観察された教師生徒関係

　文章完成テストを用いた教師生徒関係の調査結果から一般的にいえることは，小学校低学年では教師生徒関係はお互いを肯定的に受け止めているが，高学年になるにつれ相互に肯定的な受け取り方は減少し，否定的な受け取り方が増加することである。教師が子どもを見る目には，「見ていないと掃除を怠ける」「都市部の子どもと比べ地方の子はぼんやりしている」などの文章完成法の完成文に見るように，不信感が学年が高くなるとともに増す。逆に子どもが教師を見る目には，「式のときおしゃべりするなと言っていて，自分たちでもおしゃべりしている」「人を叩くことは悪いと言っていて，自分では私たちを叩く」などの完成文に見るように，批判が多くなる。
　中学生になると生徒が教師を否定的に受け止める割合は学年とともにさらに高くなる。たとえば完成文のなかには「先生は敵である」「先生は監視員である」などという記述が少なくない。教師が子どもを見る目にも「生徒はことばで言っただけでは言うことをきかない」「生徒は自分の将来のことを考えられない」などと，否定的な完成文が多くなる。このように観察の結果からは，中学校の教師生徒関係の対立の構図が明確に見てとれる。

教師生徒関係を再定義する

　現在の日本の制度上の教師生徒関係は，教師は指導要録・通信簿・内申書を記録する役割を担うため，「評価する者とされる者」の関係にある。日常の学校生活においても，教師は校則をつくり，その違反者を取り締まり，罰を与えることから，「懲戒を行う者とそれに従う者」の関係にある。このような関係のもとでも，日本社会には高学歴の者が少なく教師が地域で唯一の知識人であった時代は，子どもは「教師は偉い人」というイメージをもって敬意を払い，教師生徒関係は上下関係として安定していた。

　その後，子どもへの知識の供給源を学校・教師のみが独占していた時代が終わりを告げるとともに，子どもが教師を一人の人間として見るようになる。もはや教師というだけで尊敬されることはなくなり，子どもの教師への不信感が始まる。そのような子どもを指示どおり行動させようとすれば，より権力的に子どもに対峙する関係となる。その結果，教師の体罰が増加し，そのため教師が処分される件数も増加の傾向にある。教師の叱責や罰による権威的な指導に対する子ども側の反発は，最初は器物破損という形で現れ，次第に対教師暴力となる。このような子どもの行動は校内暴力とよばれ，増加の一途をたどっている。

The teachers who respect their students
are respected.

カール・ロジャーズの教師生徒関係論
ロジャーズは多くの授業を観察し，学習を促進する教師は「学習者を尊重（respect）している。つまり学習者の気持ち・意見・人柄などを尊重している」ことを発見し，さらに「生徒を尊重する教師は生徒により尊敬（respect）される」と言った。

このような校内暴力に対してとられてきた対応は，子どもを処罰したり登校停止にするような，主に懲戒権を行使する方法である。それでも困難なら警察に通報することもあり，実際に子どもが逮捕されることもある。しかし問題の解決のためには，教師と生徒の関係性に焦点を合わせ，教師生徒関係が対等な人間関係としての「我・汝関係」にならなければならない。

III

だい3ぶ

●● 実 験 ●●

12 臨床実験

I 研究法

```
                    ┌ 臨床実験（現場実験）  ┌ 実験授業
                    │ field experiment     │ 実験評価
教育心理学実験 ─────┤                      ┤ 実験生徒指導
                    │                      └ 模擬障害体験
                    │ 実験室的実験         ┌ 教育シミュレーション → 第13章
                    └ laboratory experiment└ 統制群法 → 第14章
```

実験の二つの意味

　『昆虫記』で有名なアンリ・ファーブルは，ジガバチの産卵行動を観察している。ジガバチは地面に穴を掘り，そのなかに捕らえて麻痺させたキリギリスモドキを運び入れ，その体に卵を産みつける習性をもつ。卵から孵った幼虫は，麻痺して動かない活き餌を食べて成長する。その餌の運搬作業は，一挙に巣穴に運び入れるのではなく，巣穴の入口近くに獲物を放置してハチだけが巣穴に入り，しばらくしてから出てきてキリギリスモドキの長い触角を引き綱にして巣穴へ引きずり込む。そこでファーブルは，この親バチが獲物を放置したわずかな時間を利用し，自然界では起きない状況を発生させて，ハチがどう課題を解決するかを知ろうとした。つまり，引き綱となる触角を2本とも付け根から人為的に切り落とし，新しい状況におけるハチの解決能力をテストしたのである。その結果は，口ひげを引き綱に利用するということがわかった。これだけ

ではハチにも問題解決能力があるように見えるが、ファーブルはさらに口ひげも切り落としてしまう。すると肢が6本もあり、特に前肢は口ひげ以上に引き綱として触角の代用になるのに、親バチはそれを利用することなく餌を放置したまま飛び去ってしまった。このように人為的な操作を加えることにより、研究対象の能力（性能）を明らかにしようとする試みを、**実験**という場合がある。

　この実験をもとに、ファーブルは次のように昆虫の本能の仮説を立てる。「昆虫の一連の産卵行動は、最初の行動に引き続き次の行動が誘発されるという行動の連鎖にすぎない」。このことを検証するためにファーブルは、さらに次のような実験を試みる。ジガバチが首尾よくキリギリスモドキを蔵入れし、その上に産卵し、仕上げの戸締りをしている最中に、そのキリギリスモドキをピンセットで引きずり出した。親バチは空の巣穴に降りていき、しばらくしてから出てきた。この後、仮説に従えば、たとえ巣穴が空でも蔵入れに引き続く戸締り行動を続けるはずである。事実この仮説のとおり、ジガバチは何も起こらなかったかのように巣穴の戸締りを完成させることが明らかになった。

　以上の二つの例のうち最初の実験は、どのぐらいの能力があるかを試すために行われた。次の実験は、現象を説明するために研究者が考えた仮説を確かめるためのものである。科学方法論における実験という用語は、主に、この「仮説の検証」という意味で用いられる。

仮説と研究者の自己点検

　先に、観察者にはすべての先入観から自由になることが求められることを述べた。実験においても、仮説を立てるには同様な態度が求められる。特に家庭内暴力や校内暴力のような子どもの大人に対する暴力を説明する仮説を立てるにあたっては、私たちの道徳観が無意識のうちに影響する。事実子どもの暴力に関する伝統的な研究は、子ども自身やその家庭に何らかの問題点を仮定し、それを探し出そうとするものが多かった。そして子どもに対する大人側の態度には目を向けることが少なく、特に教師の指導は「注意した」などと表現され、それが具体的にどのような言動であったかということには注意が払われなかった。研究者は、自分の子ども観・教育観を自己点検しなければならない。

　この自己点検の作業は、自分でも意識していない、ものの見方や考え方を自ら意識化する作業なので、当然困難を伴うことになる。この意識化する作業を

哲学では「即自的なものを対自化する」などといい，哲学の方法の一つとなっている。研究や実験にはその対象が存在するが，同時に研究者は自分をも対象化して，その自分を眺めるという意識的な自己点検作業が，特に教育心理学研究においては求められる。

臨床実験

心理学実験のなかでも特に教育をテーマとする実験を**教育心理学実験**という。そのうち実際の学校の教育活動のなかで検証実験を行うのが**臨床実験**（または**現場実験**）である。それは授業に関する検証実験である**実験授業**，教育評価に関する検証実験である**実験評価**，および生徒指導に関する検証実験である**実験生徒指導**などに大きく分けることができる。実験の結果は，実験後の被験者の行動変化の観察や，被験者の内観を聴取したり感想文を求めたりすることにより得られる。臨床実験は，学校現場における子どもが被験者なので，教師が日常の学校生活のなかで実践できるという利点があるが，失敗したからといって試行錯誤的に実験を繰り返せないという問題もある。

実験室的実験と教育シミュレーション

臨床実験は，日常の学校の教育活動のなかで，そこに生活する子どもを被験者とするので，試みというよりは実践となるため，失敗は許されない。また倫理的な見地から「いじめを発生させる集団の特徴」のような実験も許されない。そこで，教育現場のシミュレーションとして教師役と生徒役を演じる被験者からなる模擬的な教育場面を設定し，実験者の教示のもとに模擬的に教育活動を行う実験が考えられる。このような実験室的実験を，教育に関するシミュレーションという意味で**教育シミュレーション**とよぶことにする。この他，医学などの自然科学における実験法を取り入れた**統制群法**がある（第14章参照）。

II-1　エクササイズ（実験授業）

課題

（1）目的および仮説

実験授業として協同学習の実験を試みる。この実験の目的は，班活動を，伝統的に行われてきたように班競争をさせるために行うのではなく，相互に教え合いながら学ぶという協同学習のために行うことにある。この授業の方法は，教科や学年によりその実施の具体的方法は異なると考えられるので，以下に示す実際例を参考に，教科ごとに独自の協同学習のあり方を工夫して実験する。この実験授業の効果は，測定の視点を学習効率におくか人間関係におくかで異なってくると考えられる。協同学習のための班活動は学習効率よりも人間関係への影響が特に大きいだろうというのが，この実験の仮説である。この仮説を被験者の感想（内観）と実験者の観察で確かめる。

（2）実際例

①被験者の選定と実験の準備

高等学校の2年生の1学級（35人）の英語の授業時間を利用する。被験者となる生徒を5人からなる班に編成する。

②実験用教材

次のページの高等学校外国語科用教科書『MILESTONE English CourseⅡ』（1999年，啓林館）のなかの「Body Language」を用いる。

③教示

「これから班に分かれて英語の勉強をします。次の英語の文章を班の全員で読みながら，その意味を考えなさい。自由に発言し，班の皆が理解できるようにお互いに質問し合い教え合います。わかる人は積極的に教えてあげなさい。各班でわからないところは，班活動の後でクラス全体で考えるので，印をつけておきなさい」

④**全体学習**

班活動の後は，段落ごとに各班が順に発表する。その発表についてクラス全体の意見を聞く。発表する班がわからなかったところを，クラス全体に問いかける。

⑤**被験者による記録**

班学習終了後，次の様式に従って各自ノートにその感想を書く。

		班学習のよかったこと	班学習の困ったこと
感想	学習効率の点で		
	人間関係の点で		

Body Language

An American professor once visited an elementary school in Japan. He spent an hour or two with the children, and upon leaving, he noticed the children were crowding the door to watch him. So he turned and waved good-by. They saw his gesture and began to run toward him. The professor waved again and walked away faster than before. The children then began to run after him and stopped only when their teacher called to them to come back.

Waving the hand can mean different things in different cultures. In Japan, a wave of the hand while curling the fingers downward is used to tell someone to come near. Some Americans use almost the same gesture to say good-by to children. The poor professor and children were unaware of this difference.

We seem to communicate roughly half of our ideas and feelings without using words. That is, we often communicate with nonverbal language, or "body language," such as the waving of the hand. *Just as communicative as the hand, too, is the head. In North America, nodding the head up and down means "Yes," while, in Japan, it often simply means "I'm listening." In the Middle East, on the other hand, nodding the head down means "Yes," and up "No."

It can also make a lot of difference in communication how we look at each other. In some Spanish-speaking countries, when speaking to an older person, children do not look directly into that person's eyes. That's how they show respect to their elders. This is to some extent true of many Asian countries, too, but it isn't true of the United Kingdom or the United States. For instance in those American schools which accept children coming from overseas, teachers often jump to mistaken conclusions when dealing with a child from different background. If a girl from an Asian family averts her eyes out of respect for her teacher's authority, the teacher may well think the child is trying to hide some misbehavior.

Americans can unknowingly make their friends in Japan uncomfortable with the kind of direct eye contact that's normal in their country. "Not only do most Japanese not look at you, they keep their eyes down," goes an often-repeated remark. "We look at people for hours, and feel like they're under a searchlight."

注：upon leaving＝when leaving／ wave good-by＝さようならと手をふる／ only when〜＝〜して初めて／ ＊＝The head, too, is just as communicative as the hand.／ the Middle East＝中近東／ jump to conclusions＝早合点する／ eye contact＝目を見つめること／ 〜goes a remark＝〜説でとおっている

回答例

被験者（生徒）の感想および実験者（教師）の観察と感想を整理すると，次のようになる。被験者にとって班活動は，必ずしもよいことばかりではないことがわかる。また実験者（教師）の観察からは，「生徒がどこが難しいか，間違いやすいかがわかる」とか「一斉指導に比べ，教師と生徒の会話も多くなる」ということも明らかになった。

（1）被験者（生徒）の感想

		班学習のよかったこと	班学習の困ったこと・疑問
感想	学習効率の点で	・わからないとことを聞けるので安心 ・楽しい雰囲気で勉強できる ・他の人のさまざまな意見が聞ける ・早く進むことができる ・みんなでやればやる気が起きる ・より正しい答えに近づく ・緊張しないので疲れない	・他人に頼りすぎる ・勉強外のおしゃべりになる ・一人でやるときよりはかどらない ・意見のくい違いが出る ・辞書を引くことが少なくなる ・全員参加は難しい ・できる人だけで進んでしまう
	人間関係の点で	・協力し合う体験をした ・仲間意識が芽生える ・ふだん話さない人とも話す ・個々の人の才能を発見できる ・他の人へ尊敬の心が芽生える ・先生に質問しやすい ・先生の注意や叱られることが少ない	・やらない人に対して不満な気持ちが出る ・消極的な性格の者にとって辛い ・積極的組と消極的組に分かれる ・やる人はやるし，やらない人はやらない ・協調性は養えても自分のためにはならない

（2）実験者（教師）の観察

・勉強外の話題があるにしても生徒自身の会話が授業の中心である。
・班活動に参加しない者も見受けられるが，居眠りする者は見られない。
・教師が班を巡回中に生徒が質問してきたが，これは一斉指導には見られないことだ。
・生徒の話し合いを聞いていると，どこが難しいか，間違いやすいかがわかる。
・一斉指導に比べ，教師と生徒の会話も多くなる。

（3）実験者（教師）の感想

　一斉指導での「静かに」，「自分でやりなさい」というような指示（叱責）をしないですむ。生徒の話し合いの様子を見て，適時に助言できる。生徒どうし自由にしゃべってもいいという雰囲気が，教師への質問も多くしたという印象がある。

Ⅲ - 1　再定義

学習指導の再定義

文献に見る学習指導の定義

多くの教育心理学書のなかでも，下記の定義は学習指導の章を設け詳しく解説している。

「学習指導とは，児童・生徒の学習を容易にするため，学習内容の配列・呈示・環境など種々の条件を整えて，学習活動の計画・展開，結果の整理に必要な指導助言を与えることである」（白佐俊憲『教育心理学基本テキスト』1990年，川島書店）

上記テキストはさらに，ここでいう学習とは学校の教科の学習であり，指導とは教科学習を効果的に進める工夫，すなわち子どもに自ら進んで学習しようとする意欲をもたせること，その自発的な学習活動を教育的に望ましい方向に向け，無駄が少なく，能率的に進めることであると，その理念が述べられている。

他律的・画一的・強迫的な教育観

この学習指導の記述の「自ら進んで学習しようとする意欲をもたせる」「自ら学ぶという積極的，意欲的な学習の態度を育成しようとする開発的な指導」という表現のなかには矛盾が見られる。人は必ず何らかの行動の意欲をもつが，それらの意欲のうち他人の働きかけや操作によるものについては「自ら」「積極的に」「意欲的に」「自発的に」などとは言わない。これらの表現はすべて，他人からの操作ではなく自律的に行動する状態を表現するものである。したがって，「自ら進んで学習しようとする意欲をもたせる」という表現には自己矛盾が含まれる。このような矛盾のなかに，人間は本来「主体的に行動する自律的存在」であるという認識の欠如と，子どもを操作することが教育であるとい

う他律的な教育観をうかがうことができる。さらに，人間は本来「多様な存在」であり「多義的な存在」であることも合わせて考えると，「無駄が少なく，能率的に」とか「すべての生徒を対象とし」という表現のなかに，画一的で強迫的な教育観も読み取れる。

動機・レディネス・個人差にも操作を加える学習指導

この他律的・画一的・強迫的な教育観は，前掲テキストを読み進むとさらに明確になる。「学習指導の条件」という節には，動機づけ・レディネス（心身の準備状態）・個人差をあげて解説している。先の定義のなかの自己矛盾として指摘した「自ら進んで学習しようとする意欲をもたせる」ことを，伝統的な教育心理学では「動機づけ」とよんでいる。そもそも個々人の個性を尊重すれば，その好奇心や興味の持ち方の違いをそのまま受け入れこそすれ，他人が操作するべきものではないと考えられる。個人ごとに得意科目と不得意科目があることは人間として自然な現象である。ところが学習への動機づけとして，好奇心を喚起し，興味・欲求を誘発するというように，子どもへの操作として動機づけが説かれている。

さらに，これらの好奇心の喚起，興味・欲求の誘発および学習目的の自覚などの教師による「外的な操作」を「内発的」動機づけとよぶことにより，ここでも表現の自己矛盾をきたしている。もう一方の外発的動機づけとしては，賞罰を用いることをすすめている。さらに失敗や成功の経験も，学習活動のなかでたまたま経験し，そこから学ぶのではなく，「体験させる」としたり，競争は能率を高めるとしてそれをすすめている。

レディネスや個人差についても同様に，徹底した操作の対象としてとらえる見方が述べられている。レディネスを心身の発達の「準備状態」としながらも，それを学習指導にあたって「考慮すべきである」ことが説かれるのではなく，レディネスの成立を「促進させる」ことが説かれている。さらに個人差についても配慮が必要であるとしているが，ここでいう配慮とは習得の速さの違い，理解の正確さの違いは個人ごとに異なることを認めるということではない。それは能力別学級編成であり，学級内での能力別班編成のことである。これは個人差への配慮というよりも，先に学習指導の伝統的な定義でふれた「無駄が少なく，能率的に」指導することへの配慮だろう。この効率性を制度化したものが，特殊学級なのだろう。

学習指導を再定義する

　学校において教師が生徒に各教科を教えることを学習指導という。学習指導の具体的実践においては，生徒一人ひとり，各教科ごとに興味や好奇心が違い，レディネスや学習速度，さらに理解の正確さなどが違うことを把握しなければならない。その指導も，本来生徒ごとに異なった教え方（教材・教授時間・進行速度など）をするのが基本である。集団活動の利点を生かす討議法や協同学習の場合でも，個人ごとの学習のあり方が認められる必要がある。指導する側が学習効率を求め積極的になればなるほど，教わる側は受動的になり学習することへの意欲を減退させる。

　しかし現実には，全生徒に同一の内容を同一の時間に教えるという一斉指導が行われ，そのもとで生徒は同一に学習するはずだとみなされてきた。教育心理学書にも学習指導の方法として好奇心を喚起したり興味・欲求を誘発することが説かれ，その具体的方法である教師による子どもへの操作を，（実際とは逆に）内発的動機づけとよんでいる。もう一方の外発的動機づけとしては，賞罰・競争・評価（序列づけ）によって生徒を操作する方法が記載され，実際に教育現場ではそれを実践している。さらに教育心理学書は，学習効率を高めるために子どもの競争や能力別班編成などを用いる指導をすすめ，現実に制度的にも特殊学級・特殊学校が存在している。このように現実の学校における学習指導とは，子どもを操作の対象にする，いわば操作主義による学習指導であった。

　これからの学習指導は，人間は「主体的に行動する存在」であり，特に子どもは「多様な存在」であり「多義的な存在」であることを認識したものでなければならない。すなわち子どもが学ぶことにもし興味をもてないなら，自分なりの速度で主体的に学べるようにするための工夫でなければならない。また，教師のみが学習を指導するという制度を改め，担任教師が学級コーディネーターとしての役割を果たし，専門家による授業や協同学習の企画も考えられる。さらには，学習とは教科書を覚えることではなく，実際の実践活動に参加しながら役割や技能を実践的に身につけていくことであるとする，「正統的周辺参加論」の実践により，子どもの主体的な学習を保障することが新しい学習指導として期待される。

II‐2　エクササイズ（実験評価）

課題

（1）目的および仮説

　教師による伝統的な評価に代わる自己設定到達度評価を試みる。自己設定とは学習者が問題を自作することであるが，具体的な実施方法は教科や学年によって異なるので，以下に示す具体例を参考に，各自が工夫して実験する。その採点も班活動で協力し合いながら自己採点・自己添削する。その点数を個人の評価とするが，それ以上の相対評価も絶対評価もしない。この自己設定到達度評価実験の仮説は次のとおりである。

①自分たちに合った問題を作成することにより，主体的に学習することができる。
②自己採点・自己添削なので，自分の力を客観視することができる。
③評価をしないので，劣等感や優越感にとらわれない自由な人間関係ができる。
④班活動なので，相互に協力し合うという人間性を育むことができる。

（2）実践例

①被験者

先の「Ⅰ‐1　エクササイズ（実験授業）」に参加した生徒

②試験問題

　班活動ではあるが，おのおの自分用の問題を8問（1問10点）作成する。それに次の教師作成問題を追加する。時間は英語の一回の授業時間を用いる。

　　問1：どうして子どもたちはアメリカ人の教授の後を追いかけたのですか。（5点）
　　問2：up "No." を完全な英語の文にしなさい。（10点）
　　問3：mistaken conclusions の内容は何ですか。（5点）

③試験実施・自己採点・自己添削
　問題作成をした次の授業時間に，自分で試験問題を解くが，時間の制限はしない。試験が全員終了した段階で班活動により自己採点・自己添削する。

④記録
　実験終了後に，次の視点ごとに各自の印象を振り返り，感想を記録する。

感想の視点	感　　想
自己出題について	
自己採点・評価について	

回答例

　自己設定到達度評価の生徒作成問題・被験者の感想・実験者の感想は，次のとおりである。

（1）生徒作成問題の一例
1．　日本語の意味を（　）内に書きなさい（50点）
　① wave good-by（　　　　　　　）　② poor professor（　　　　　　　　　）
　③ American schools which accept children coming from overseas
　　（　　　　　　　　　　　　　　　　　　　　　　　）
　④ Spanish-speaking countries　　⑤ They keep their eyes down.
　　（　　　　　　　　　）　　　（　　　　　　　　　　）
2．　英語を（　）内に書きなさい（30点）
　① 異なった文化　　② 子どもたちは彼の後を追いかけはじめた。
　　（　　　　　　）　（　　　　　　　　　　　　　　　　　）
　③ 私たちはしばしば動作言語で通じ合います。
　　（　　　　　　　　　　　　　　　　　）

（２）被験者（生徒）の感想

	自己出題について	自己採点・自己評価について
肯定的感想	・なるべくやさしい問題をつくった ・先生が出さないような問題をつくった ・ひねっていない素直な問題をつくった ・よく理解していないと問題をつくれないので勉強になる	・自分をいっぱいほめた ・満足感があった ・達成感を味わえた
否定的感想	・実力がつくようになるのか ・よく理解していないと問題をつくれない ・簡単につくれる問題になる ・問題づくりは大変（めんどう）だ ・簡単な問題になるのでためにならない	・一人だけでやりたい人もいると思う ・採点が甘くなる ・自分の答案の採点は不思議な感じ ・自己採点は好きではない ・よいことしか書かないのではないか

（３）実験者（教師）の感想

　問題をつくることが生徒にとってよい勉強になっていると思われ，班を巡回する間に生徒からいろいろな質問が出された。（このような質問は一斉授業では経験しなかった。）

Ⅲ-2　再定義

学力の再定義

文献に見る学力の定義

　次の教育関係の辞典には，学力が次のように記載されている。

「最も広い意味では、学習によって獲得した力といえるが、小・中・高校等の児童生徒については、学校の授業によって得た力ということができる。学校の授業は、国の定めた教育過程の基準たる小・中・高校それぞれの学習指導要領にもとづいて行われるから、児童生徒の学力の基準は学習指導要領に示されているということになる」(『学校教育辞典』1988年、教育出版)

次に教育心理学書の例としては、次のような記載がある。

「一定の学習活動の成果として獲得された能力あるいは到達水準（主として教科の学習に関連して用いられる）。これは、受動的に知識・理解・技能が獲得される能力と、能動的に物事の根底にある諸関連を正しく把握し、正しく考え、正しく実践する能力とがある。現代の学力観としては、後者の能動的な学力観がより力説される」（白佐俊憲『教育心理学基本テキスト』1990年、川島書店）

何をするための「力」か

これらの文献の定義に出てくる「獲得した力」「獲得された能力」を人が生きていく上での必要な何らかの力・能力と簡単に了解してしまわないで、改めて考える必要がある。そのためには、学校で中間テスト・期末テストなどとして必ず実施される学力テストの内容を考えればよい。その学力テストの出題は、教科書に書かれている事柄をどの程度記憶しているかどうかを調べるものである。したがって先の文献でいう力や能力というのは、教師が子どもを評価するテストや入学試験の際によい結果を出すという力や能力ということになる。しかもその力・能力は、学校制度のなかでしか意味をもたないいわゆる学校的能力なのである。文献によりいろいろ表現は異なっても、現実に学力という用語が用いられるときの意味は、この学校制度のなかでのみ意味をもつ試験で高得点を獲得する力ということになる。

能動的な学力観とは

先の文献のもう一つの能動的な学力観とされる「能動的に物事の根底にある諸関連を正しく把握し、正しく考え、正しく実践する能力」とは、どのような

能力なのだろうか。この「正しく」という表現は，「何をもって正しいとするか」という問題を残すあいまいな表現である。そこでたとえば「客観的に把握し，論理的に考え，現実的に実践する能力」というように表現しなおしてみる。少なくとも理科の学習をとおして，「病気たとえばインフルエンザはウイルスという微生物が原因であり，悪霊の仕業ではないので宗教的儀式では治らない」というように「客観的に把握する」能力をもつことができる。数学の学習をとおして，たとえば「長方形の土地の両辺の長さをそれぞれ倍にすれば，面積は倍になるのではなく4倍になる」や，国語の学習をとおしてたとえば「『猿も木から落ちる』という諺は猿がときどき木から落ちるということではなく，名人も失敗することがあることを表している」というように，「論理的に考える」能力，「比喩的に考える能力」をもつことができる。

　実際にあった例だが，両親とも多額の借金をつくって行方不明になり，使用料未払いのため家の水道・ガス・電気をすべて止められ，自分の生活費を得るため強盗をして逮捕された中学生がいた。このような場合も，日本国憲法の「第25条　すべて国民は，健康で文化的な最低限度の生活を営む権利を有する」の学習をとおして得た知識で「市町村役場へ行って相談する（児童福祉法にもとづき保護してもらう）」というように，強盗に代わる「現実的に実践する」能力をもつことができる。外国語，特に国際的に共通に用いられている英語の学習をとおして，外国人と会話し相互理解を深めることも，この「現実的に実践する」能力をもつことといえるだろう。学校で学ぶことは，本来このように生活と結びついている，意味をもった人間文化についての知識であり技能であるはずである。

評価との関連で意味をもつ学力

　現実の日本国憲法の学習においては，「その基本的精神は民主主義・平和主義・基本的人権の尊重である」ことを学び，これを試験で正解すれば学力があるとされる。これらの事柄はたしかに大切ではあるが，先の例の逮捕された中学生が仮にこのことを知識としてもっていても，それを困窮した状況で現実的に役立てることはできなかっただろう。英語の試験で高得点をとり学力があるとされる生徒が，英語を母国語とする人にゆっくりと簡単な質問をされても（たとえば「How many brothers do you have?」），答えられないこともある。

　大事なことだから勉強しておかなければ将来困ると言われて学んで得た学力

は，学校での成績の順位を高め選抜試験で成功することはあっても，現実に生きていくことにはほとんど意味をもたない。学力の向上ということは，評価のための試験の結果を向上させるということである。その試験を暗黙の前提として学校の授業も進められる。学習がその試験準備の意味をもつに従い，学力は実際の生活から遊離したものとなる。

学力を再定義する

　学力とは，学校の授業によって得られた学習指導要領に定められた知識や技能である。現実に学力という用語が用いられるときの意味は，この学校制度のなかでのみ意味をもつ試験で高得点を獲得する力として用いられる。学校の学習が生きることにつながることなく，成績を，そして序列を高めるために行われるようになってから，子どもは学ぶ意味と学校生活の意味を見失うようになった。

　学校の学習は，本来生活と結びついた意味あるものであった。またその学習の速さや正確さなどの様相は，子どもごとに異なる。その学んだことの生活への適用も，子どもごとに異なる。したがってその当然の個人差をあえて教育評価として試験しなくとも，学校の授業は可能である。学校で教師により教育評価として試験が行われる限り，学習の成果は学力とよばれ，生活から遊離し，子どもは学ぶ意味を見失うのである。

II - 3　エクササイズ
　　　　　　（実験生徒指導）

課　題

（1）目的および仮説

　実験生徒指導として「生徒自治」の実験を試みる。生徒自治は，生徒会をはじめとして多くの学校行事（体育祭・修学旅行・文化祭）など，いろいろな学校生活のなかで行うことができるが，以下に示す「生徒作成校則実験」を参考に，各学校の事情に応じた臨床実験を試みる。ただし教育心理学の授業として

のエクササイズでは，次の教師作成の生徒心得を班活動で改定することを試みる。

　生徒自らつくった規則は，その必要性を生徒各自が認識する。しかし，教師が作成し生徒に守ることを求めた規則は，他人からの強制となり，生徒一人ひとりはその意義を認識することが困難になる。したがって生徒作成校則に対しては自ら守ろうとするが，教師作成規則に対しては頼まれごとになり，守られにくいというのが，この実験の仮説である。

（2）教育心理学授業用エクササイズ

　次の教師作成の生徒心得（抜粋）を被験者は班活動で検討し，自分たちの意見を反映させるように修正する。

【生徒心得】

1．服装
（1）男女とも標準服着用を基本とする。
（2）男子の変形服（学らん・中らんなどのファッションスタイルの服装），
　　　女子のスカート丈を手直ししたものは禁止する。
2．頭髪
（1）男子長髪は，眉・耳・えりに掛からず，もみあげは伸ばさないこと。
（2）女子は，前は眉・わき，後ろはえりにかからないことが基準で，長
　　　髪は編むか紐で結ぶこと。髪留めは用いないでゴムで縛ること。
（3）男女とも，脱色・染色・パーマや油類をつけることは禁止する。
3．自転車
（1）通学用自転車は，学校まで2km以上の距離または身体的な条件で許
　　　可され，プレートが渡される。それを自転車に付けておかなければ
　　　ならない。
（2）無許可で学校周辺まで来て，放置している自転車は撤去する。
4．通学用カバン
（1）肩掛けカバンまたは黒色系の手提げカバンのみとする。
（2）カバンを使わず，学用品を持ち運びしてはいけない。

> （3）肩掛けカバンのかけ方は，腰にきちっと付く長さで，袈裟掛けにする。

回答例

　S中学校のそれまでの教師作成の生徒心得は，髪形だけでなく，男子の前髪・もみあげの長さ，女子の髪留め使用禁止も決めている。家での服装まで「中学生らしく」と言及し，その数は全部で79項目に及ぶ。1980年代末，各地で校則の見直しが始まろうとしていた。S中学校でも生徒会から，「決まりを緩めてほしい」という要望が出された。そのような生徒からの動きに対し，教師側も「緩めるだけではだめだ。人に決められなければ行動できない人間になる。教師が一方的に決めるあり方こそ見直さなければならない」と後押しした。このようにして，生徒心得を生徒主導で作成することになる。

　生徒会の規律委員10人が，「実態にあわない項目は意味がない」「項目が多すぎては頭に入らない」「簡単にしても実際の影響はない」などとして，自主作成の生徒心得のたたき台ができた。保護者にもアンケートを求め，生徒作成の原案に保護者と教師の意見を取り入れて，新しい生徒心得ができあがった。それ以降，生徒を並ばせ，ものさしでスカートの丈を測る服装検査は，学校から消えた。この生徒自治実験には，次のような試行錯誤の10年の歴史がある。

1989年	生徒心得の見直しスタート
1990年	生徒心得の改正
1991年	自転車通学の自由化
1991年～92年	文化祭・体育祭が，学校主催から学校・生徒共催に変わり始める
1992年	男女混合名簿始まる
1993年	卒業・入学式を生徒中心の内容にする。チャイム廃止「ゼロからの修学旅行」始まる
1996年	生徒憲章の制定
1998年	卒業式・入学式を生徒が完全進行

　S中学校の10年間の変化の主なものを，次のようにまとめることができる。

①以前より校則が守られるようになった。
②学校は子どもが主体的に生活する場となり，一人ひとりの行動が活気を示すようになった。
③教師生徒関係が，支配と従属の関係から相談する者とされる者の関係に変わった。

Ⅲ-3　再定義

学校の再定義

文献に見る学校の定義

　教育や心理学の各種辞典には学校という用語は記載されていないが，学校教育や学校病理という用語として記載されている。まず学校教育についての記載は次のとおりである。

　「今日の学校教育は，世界を通じて定型的文化生産機関として確立され，その顕在的・潜在的機能を通じて子供に社会生活に必要な知識・技能を与えるとともに，社会の維持・存続に必要な諸価値を内面化させ，同時に，職業訓練や社会的選抜機能をも果たしている。しかし，文化の基本的表現としての形式的な卒業証・資格証の比重のみが不当に肥大化して，各種の問題を生むに至った」(『学校教育辞典』1988年，教育出版)

　ここには「社会的選抜機能」をも含め，学校に対する文化を継承する機関としての絶対的な位置づけが記載されている。わずかに「各種の問題を生むに至った」との指摘もある。そこで別の辞典(『学校カウンセリング辞典』1995年，金子書房)で学校病理の記載を見てみる。そこには学校病理を「学校が学校として機能を果たしていく上で障害となるようなさまざまな問題のこと」とし，学業不振・登校拒否・いじめ・怠学・非行，そして教師の体罰をその例として

あげている。注目しなければならないのは，これらの問題を学校教育が生んだものとしてではなく，それを妨害するものとして記述していることである。まさにその原因を「これらの問題の多くは，学歴偏重主義・管理社会・価値の多様化・少産化・家庭の教育機能の低下などの社会現象が，学校という独特の場に持ち込まれた結果ともいえる」とし，学校を被害者として記述しているのである。

学校の義務性

明治維新の政府は，西洋列強に追いつくため近代化を推進した。それは具体的には富国強兵の掛け声のもとに進められた，生産技術と軍備の近代化である。そのための有能な労働者や兵士の訓練のために必要なことは，文盲退治であった。明治5年（1872年）の学制が制定された際に同時に政府から発表された「被仰出書」（おおせいだされしょ）とよばれる文書には，「一般の人民必ず邑（むら）に不学の戸なく，家に不学の人なからしめん事を期す」と記されている。この政策のもとに，全国に学校がつくられ，義務教育という教育の強制配給が行われた。このような明治政府による学校を基盤とした近代化の推進は，識字率を高め有能な労働者を育成することにより産業革命をなし遂げ，その生産力を基に日清・日露の戦争に勝利するという結果をもたらした。このように，日本の学校教育は明治政府の富国強兵という目的のための国民の義務として始まり，近代的な国家を建設することに大きく寄与した。その目的をなし遂げた現在も教育の強制配給は残り，学校教育のあり方を特徴づけている。

学校の閉鎖性

学校のなかの教師社会は，等学歴の単一職種社会であり，数年間は同じ職員構成が続くという意味で閉鎖的である。その価値観も学業・学歴を重視し，勉強嫌いな子などの多様な人格の理解を困難にしている。少なくとも制度上は教師以外の者が学校の教育に参加することもなく，数年は特定のクラスを固定的に担任する。このように学校集団・学級集団の構成は固定されるという意味でも，学校は閉鎖的な集団である。このような閉鎖的な集団の問題点は，一人の教師が学級を支配し，聖職意識や懲戒権をもつことも加わって教師を独善的にし，システムを保守的な進歩のない状態に留めることである。

学校のもつ序列主義

中学校では,学校生活の具体的な流れは授業とその評価のための中間試験・期末試験の繰り返しである。このような定期試験の合間にも小テストが日常的に行われる。その結果により,教師は称賛か叱責のことばで生徒と関わる。さらに試験結果の点数は序列化され,通知表をとおして保護者に,内申書をとおして高校に報告される。それ以前に教室内でも,高得点の者は名前を皆の前で読み上げられることにより讃えられ,下位の者は劣等感を強めることになる。このように学校ではよい評価を得ることが教科学習の目的となり,その評価で人格まで価値づけられる。その評価の世界のなかで生徒どうしもお互いを評価し,差別意識やそれを行動に表わすいじめも起きている。

一望監視施設としての学校
権力機構の構造に対する分析をしたフランスの思想家フーコー(M. Foucault, 1926〜84)は,刑務所・工場・病院・学校の施設の共通性が「一望監視」の装置であるという。
(出所:M. フーコー著,田村 俶訳『監獄の誕生』1977年,新潮社)

学校を再定義する

　学校とは政府により国民の教育機関として設けられた施設であり，学校教育法という法律により，保護者はその子女に学校での教育を受けさせる義務を負うことをはじめ，子どもの就学年齢・就学期間，学校の教科目・検定済教科書の使用などの規定の他，教師の懲戒権や出席停止の権利などが定められている。子どもは一定の年齢になると指定された学校の指定された学級に所属し，休日以外，毎日の登校を求められる。その学級集団は多くが同年齢からなる。子どもは服装髪形を規定され，同一の教科書で同一の内容を教えられ，画一化した管理的な教育が行われる。子どもの学習状況は定期的に試験され，その結果により序列づけられ，通知表としてその保護者に報告される。指導は主に叱責と称賛により行われるが，ときには立たせて恥ずかしさを体験させる方法も伝統的に用いられた。それでも効果がないときは，教師は懲戒権を行使して正座・清掃などの罰を与える。校内における生徒への殴打などの暴力は体罰と言い換えられ，親のなかにはこれを支持する者もいる。この学校のあり方の一端を，「教育に貢献する」ことを標榜する伝統的な教育心理学が，賞罰を用いたり子どもどうしを競争させたりする指導を唱導することによって担ってきた。

13 実験室的実験1 ── 教育シミュレーション

I 研究法

```
                      ┌ 模擬生徒指導
          ┌ 教育シミュレーション ┤ 模擬授業
実験室的実験 ┤              │ 模擬教育相談
          │              └ 模擬障害体験
          └ 統制群法 → 第14章
```

教育シミュレーション

　たとえば自然災害の研究では実際の地形の縮小模型を実験室内につくり，シャワーで大雨を再現して水の流れを観察し，洪水発生のメカニズムを明らかにする。この実験と同じように教育行為の種々の場面をシミュレーションし，そこに起きる教育者と被教育者の間の関係性を明らかにする研究法を，ここでは**教育シミュレーション**とよぶことにする。シミュレーションの内容により模擬生徒指導・模擬授業・模擬評価・模擬教育相談・模擬障害体験などに分類することが可能である。この研究法の第一の意義は，たとえば子どもによる対教師暴力を善悪で判断して子どもを処罰（ときには逮捕）するという伝統的な対応に代わり，教師生徒間の「関係性の問題」として理解できるところにある。第二の意義は，研究者が教師である場合も現実の学校や教師としての立場から自由になり，一人の人間として教師役を試みることができることである。そして第三の意義は，研究者が生徒役になることによりその行動の「内からの理解」

（直観的方法）をもたらすことで，観察やテストなどの「外からの理解」（分析的方法）を補うことである。

　子どもの行動の研究は，今でも資料調査やアンケート調査などによる分析的方法のみに頼っている。たとえば国立教育研究所と国立公衆衛生院が協力して「キレる」子どもたちの実態調査を2000年10月に始めた。その具体的方法は，「警察や裁判所の協力のもとで最近の少年事件の調書や少年審判の記録を調べ，生育環境や事件に至った心の動きを分析する」「父母からはしつけや情操教育はどうしてきたか，生活習慣や食生活はどうだったか，ゲームやテレビが人格に影響を与えていないかなどを詳しくたずねる」（『朝日新聞』2000年8月24日付）というものである。このような研究方法の問題は，子どもだけを行動を起こした場面から切り離して調査していることである。そうするのは「これらの子どもには問題がある」という前提があるからで，調査結果も子どもと家族の問題点を指摘して終わる。子どもを環境から取り出し，対象化して考察するのではなく，問題を起こした場面をシミュレーションし，たとえば教師が言うところの「注意した」という際のことばをリアルに再現し，その「注意」を受けた生徒役の立場に立つことで，行為者の内面の理解がもたらされる。この直観的方法こそ，指導のあり方の参考になる結果をもたらす。

心理劇

　教育シミュレーションと類似のグループワークの一つに，集団精神療法としての**心理劇（サイコドラマ）**がある。そのグループの構成は，治療者がつとめる監督と数人の被治療者からなり，ときには監督の補助者として治療スタッフが参加する。劇の場面の例をあげれば，監督が治療上必要と考える被治療者の幼児期の家族関係を参加者全員で再現し，その幼児期を追体験し，その感情を言語化し自己洞察や抑圧された感情の解放を試みる。または未来の場面，たとえば再登校に備えて教室場面をつくり，同級生や教師との予想される出来事を予行演習することもできる。

教授法としての教育シミュレーション

　教育シミュレーションの利用は，研究方法であると同時に，教師・保育士などの養成課程における教授法として，および現職にある者の研修法としても用

いることができる。この教授法の場合，学生の数が多くても，適当なグループに分けてグループワークとしたり，ペアワークにすれば可能である。その報告にもとづいてさらに議論を深めたり教員が解説を加えることにより，授業は進行する。なお，記録の方法としては内観記録とその集計の他，シミュレーションの場面をビデオに記録しておくと，後々の分析のために役立つ。

【心理劇の舞台と教育シミュレーションの教室】

心理劇の舞台 →

心理劇では治療の目的で，親子の実際の会話をクライエント集団が実際に演じて，再現するようなことが行われる。その中で体験した怒りや悲しみを集団の中で表現し，それを参加者と共有するところに治療効果がある。
（出所：増野　肇『心理劇とその世界』金剛出版，1977年）

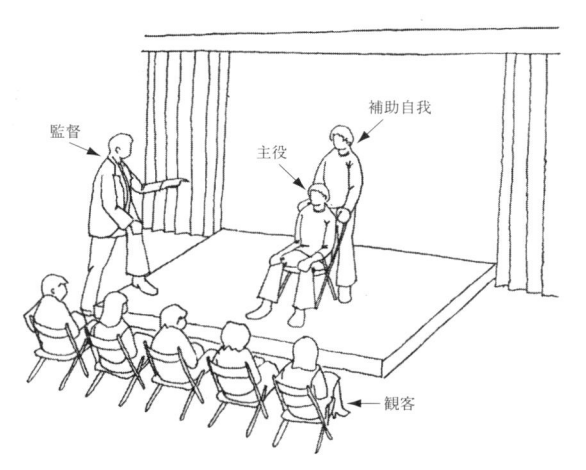

教育シミュレーションの教壇と黒板 →

黒板・教卓・椅子・教壇からなる「教育心理学実験室」が教育シミュレーションには望ましい。このような教育シミュレーションを用いない研究は，過去の，解剖やX線写真のなかった頃の医療にも似ている。

Ⅱ-1 エクササイズ
（模擬生徒指導）

> **課 題**

　遅刻した生徒への理想的な指導法を考えるために，数人の被験者で班をつくり，遅刻場面のシミュレーションを演じる。

　手続きは，班ごとに次の「実際に行われた遅刻の指導」の記録を読み，これを「伝統的な生徒指導」として演じる。その後でこの伝統的な指導に代わる「理想的な生徒指導」を各班で考え，そのシミュレーションを発表する。最後に両指導法の違いを整理する。

〔実際に行われた遅刻の指導〕

　13歳のA少年は，保健室に頻繁に通うようになっていた。この事件の当日もA少年は頭痛を訴え，3時間目の始まる前に「気分が悪い」と同じクラスの男子生徒と一緒に保健室に行き，頭が痛いと訴えた。養護教諭は体温を測った上で症状を聞き，授業に出るように2人に指示した。その時点で3時限目が始まって約5分たっていた。2人は保健室を出てトイレに立ち寄り，授業開始から約10分ほど遅れて教室に戻った。なお，少年は担任に断って保健室に行っている。熱は37度以上あった。途中寄ったトイレで吐いている。こういう身体状況を抱えながら，少年は教室に戻ってきたのである。

　この男子生徒が教室へ戻るなり，教室の教師は次のように「注意」（指導）した。

　教師：「なぜ，授業に出なかったの。そんなに具合が悪いの。トイレにそんなに時間がかからないでしょう」
　生徒：「……」（不満そうな態度。だがことばは返さない。）
　　　［さらに授業終了後遅刻した男子生徒2人を廊下に呼び出し，再度，約5分にわたっておよそ以下のように「注意」（指導）を繰り返した。］
　教師：「トイレに行くなら先生に言ってから行きなさい」
　生徒：「……」（面白くないという顔）

教師：「先生，何か悪いことを言った？」
生徒：「言ってねえよ」
教師：「ねえよっていう言い方はないでしょう」
生徒：「うるせえな」（そう言ってナイフをポケットから出し，向き合う教諭の左首筋あたりに当てる。）
教師：「あんた，なにやってるのよ」（ひるまずに。）
生徒：「ざけんじゃねえ」（と言いながらＡ少年は教諭を刺す。）

回答例

（１）ある大学の保育科の学生が実際にシミュレーションで発表した「理想的な指導」の記録

〔１班　理想的な指導――授業開始を遅らせる〕

授業開始のベルが鳴り，しばらくして教師が教壇の上に立つ。出席をとり，Ａ君とＢ君の２人だけが欠席であることがわかる。

教師：「Ａ君とＢ君がまだ戻らないようだ。２人が来るまで少しだけ待ってあげよう」
（教師は雑談していると，２人の生徒がガラガラと教室の戸を開けて入ってくる。）
教師：「２人ともどうしたの？」
Ａ君：「トイレに行ってました。体調がよくないんです」
他の生徒：「遅いよー」（クラスのあちこちから批判的な声が上がる。）
教師：（クラス全体に）「２人とも体調が悪くてトイレに寄っていたんだ。こういうときは皆も２人を待ってあげるべきだと思うよ」
教師：（２人の生徒に）「遅れているから急いで席について。調子が悪いときは言いなさい。じゃ，みんなそろったところで授業を始めます」
（教師は２人の様子を気づかいながら授業をする。授業終了後は特に呼び出さない。）

〔２班　理想的な指導――遅れてきた生徒の顔色から心身状態を読み取る〕

授業開始のベルが鳴り，しばらくして教師が教壇の上に立つ。出席をとり，

A君とB君の2人だけが欠席であることがわかる。そのまま授業を開始したが，約10分ほど遅れて2人の生徒がガラガラと教室の戸を開けて入ってくる。

　教師：「2人ともどうしたの？」（本当に心配だという調子で）
　A君：「ちょっと体の調子が悪いんです」
　教師：「何だか顔色が悪いな。どれどれ，熱はあるかな」（教師は生徒の額に手を当ててみる）
　教師：「やっぱりちょっと熱があるようだし，顔色も悪いし，保健室で休んでいたら。勉強は後で補習してあげるから心配しないで」
　A君：「でも保健の先生は教室に行けと言うんです」
　教師：「よし，先生が一緒に行って頼んでやろう」（と言って教室を出る。）
　他の生徒：「先生，保健の先生厳しいから頑張って」（クラス中から声援）

（2）伝統的指導と理想的指導の主な違いの例

　エクササイズのために伝統的な指導としてあげた例と，保育科の学生が理想的な指導と考えた2例とを比較すると，およそ次のことが言えるだろう。

　①**ケアのない指導**：伝統的な指導には，体のケアを仕事とする養護教諭にも，心のケアをその仕事の重要な部分とする教師にも，共に生徒をケアするという言動が見られない。それに対し保育学生のシミュレーションには，「遅れた者を待ってやる」「心身の状態を言外の様子から読み取る」という生徒へのケアがある。

　②**「休ませず，遅らせず」が基本の指導**：伝統的な指導に見られる学校教職員の生徒の指導の基本は，授業を休ませないこと，しかも遅れないで出させることのようだ。（このことは養護教諭が生徒は熱があるのを承知で授業に行かせたこと，授業担当の教師は生徒のトイレに要した時間まで干渉していることから言えるだろう。）それに対し保育学生のシミュレーションの指導は，弱者へのケア（配慮）が指導の基本である。（このことは，「遅いよー」と遅刻を非難する同級生の声に対しても，授業に出るように指示した保健室の職員に対しても，遅刻の生徒を弁護する態度から言える。）

　③**教師の生徒への不信感**：伝統的な指導においては，教師は生徒に不信感を抱いているようだ。「そんなに具合悪いの」という聞き方にしても，トイレに時間がかかりすぎるという指摘にしても，言外に「疑わしい」という意味合いを感じ取れる。

④**教師は生徒に上下関係を要求**：伝統的な指導においては，教師は生徒との間に上下関係を守るよう要求している（「ねえよっていう言い方はないでしょう」）。保育学生の演じた教師は，上の者が下の者に一方的に要求する封建的な上下関係ではなく，生徒に親しまれて尊敬されることから自然に尊敬語で話す対象になることが考えられる。

⑤**緊張に満ちた学校生活**：伝統的な指導のもとでは，生徒は教師に監視され，指示され，疑われ，常にその生活は緊張に満ちて，学校全体が暗いものになることが予想される。一方の保育学生の演じた教師のもとでは，生徒はケアされ，ケアする教師は生徒に尊敬され，どちらも本音で自己表現できる関係となり，明るい学校生活になることが考えられる。

Ⅲ-1　再定義

（生徒指導の再定義）

教師自身の述べる生徒指導

　一般に教師は自分の指導が正しいかどうかということに疑問を抱くことはなく，自信をもっている。そのことはある県の教育研究所の代表者として教育相

〜 中３を逮捕　Ｉ市で教師に暴行容疑 〜

　Ｉ市市内の公立中学校で男性教師（46）に殴る・けるなどの暴行を加えたとしてＩ市署は15日，同中学校２年の男子生徒（14）を傷害の疑いで現行犯逮捕した。
　調べでは，男子生徒は同日午前11時50分ごろ，授業中だった別の教室に入ったところ，男性教師に廊下に連れ出されたため，ロッカーをけりとばした。男子生徒はさらに，男性教師に注意されたことに腹を立て，この教師の顔や腹などを素手で殴るなどして，１週間のけがを負わせた疑い。

中学生の逮捕を伝える新聞記事の例

対教師暴力は処罰の対象と考えられ，その原因分析など研究の対象にされることはない。記事の例にある「連れ出された」や「注意された」場面を教師の生のことばで再現したり対応のしかたを教育シミュレーションによって研究することで，教育を変えることができる。

談事業に活躍した元教師のA氏が書いた，次の文章からも理解できる。

「言い聞かせれば分かる，ということを前提とした生徒（生活）指導は，訓育（児童生徒を良い方向に導くために，感情・意思・世界観などにかかわる教育作用）とよばれる営みである。伝統的に，しつけを含む全人的な関わりであって，知的指導である『教授（教科指導）』とともに学校内での重要な教育活動である」（T県臨床心理士会月例会議資料「学校における児童生徒支援」1999年）

教師の自己絶対視

この冒頭の「言い聞かせれば分かる」というところに，自分の言うことや考えは絶対正しく，それは人間ならだれでも同意するはずであるという教師の自分の価値観への絶対視を読み取れる。自分の生徒に対する言動を毛頭も疑うことなく，教師は常に正しいことを言う存在であるという独善的ともいえる信念をうかがうことができる。さらに訓育の説明の「良い方向に導く」という表現にも，教師の指導は常に良い方向に導くという思い込みがあり，「何が良い方向か」などの疑問は思い浮かばず，教師の考えがすなわち「良い方向」ということなのである。

現実の生徒指導を見てもたしかに「言い聞かせれば分かる」ことの実践である。ある県でいじめ自殺が起きた。その対応は教師が生徒に「いじめてはいけません」「命を大切にしなければなりません」と言い聞かせるものであった。子どもはいじめはいけないこと，命は大切であることを知らないと考え，それを言い聞かせるのが生徒指導であると考えているのである。そこには教師の日常の生徒指導のあり方，たとえばいじめる子のすさんだ心を癒し，同時にいじめられた子の悲しみをケアするなどの対応はまったくなされない。

指導の背景にある子ども観

この生徒に対する絶対的な自信の陰には，子どもに対する未熟者視がある。それは先のA氏の引用文に引き続く，次の文章に明らかにされている。

「教師＝指導者として児童生徒と向き合えるのは，対象である児童生徒が

未熟な存在であり教師の言うことを聞く依存性が潜在的にあるという暗黙の了解が在るからである」(同上)

このような「子どもは未熟で依存的な存在である」とする子ども観からは，子どもを一人の人格として認める，肯定的な関心をもつ，その個性を尊重するというような向き合い方は考えられない。教師＝指導者と断言するところから，権力的な絶対者であるという思い込みを教師はもつのではないかと読み取れる。

現実の生徒指導も，指導者として子どもに対面して指示・命令し，それに対する子どもの反応により叱責と称賛を使い分け，それでも変わらなければ懲戒権を行使するという姿は学校創設以来変わらない。実際，A氏はさらに次のように明記している。

「称賛と叱責，承認と激励あるいは訓戒・助言による援助が学校における心の問題への支援の中核となる。指導とよばれる教育活動だ」(同上)

文献に見る生徒指導の定義

学問的には生徒指導はどのように定義されているのかを専門書で調べてみよう。教員養成課程のためのテキストには，生徒指導の定義が次のように記載されている。

「1　個人の生活・行動に関する指導（基本的生活習慣・生活態度・生き方について）
2　交友関係や対人的技能・態度の指導
3　集団への適応の指導（学校生活・家庭・地域での集団活動について）」
(長尾　博『学校カウンセリング』1991年，ナカニシヤ出版)

このテキストの生徒指導の定義を，イリッチの次の文を読んでから見直してみたい。

「われわれが知っていることの大部分は，われわれが学校の外で学習したものである。生徒は，教師がいなくても，否，しばしば教師がいるときでさ

えも，大部分の学習を独力で行うのである。だれもが，学校の外で，いかに生きるべきかを学習する。われわれは，教師の介入なしに，話すこと，考えること，愛すること，感じること，遊ぶこと，呪うこと，政治にかかわること，および働くことを学習するのである」（I．イリッチ，東　洋・小澤周三訳『脱学校の社会』1977年，東京創元社）

このイリッチの説は，先のテキストの著者の「基本的生活習慣・生活態度・生き方など，人生の重要なことはすべて教師が教えなければ生徒はわからない」という学校信仰と教育絶対視の立場と，なんと対照的なことだろうか。

生徒指導を再定義する

教師は「子どもは未熟で依存的な存在である」という子ども観をもち，自分を指導者であると位置づけ，（1）個人の生活・行動に関する指導，（2）交友関係や対人的技能・態度の指導，（3）集団への適応の指導など，児童・生徒の生活全般を指示することを伝統的に生徒指導とよんできた。その際，教師は「自分の言うことは常に子どもを正しい方向に導く」という信念をもつ絶対者として子どもに指示する。教師は指示に対する生徒の反応により称賛と叱責を使い分け，指示に従わないときは訓戒・助言し，それでも変わらないなら懲戒する。そこには人の生き方はその人自身が決めることであるという人間の主体性への配慮はなく，教師は子どもの生活・生き方まで指示し，「それを言って聞かせれば必ずわかる」というように自分の考えを疑わない。

このような「教師の考える方向に生徒を導く」という伝統的な生徒指導にとって代わるのは，子どもの「今ここで」の気持ちをケアする指導である。それは従来の「教師の言うことを聞かせる」という意図をもって子どもに指示する指導ではなく，たとえば悪いとは知りつついじめてしまう攻撃性を癒し，いじめられた悲しみをケアするための面接であり，同時に子どもに主体的に，自らの行動を選択させるという指導である。

Ⅱ-2　エクササイズ（模擬評価）

> 課　題

（1）実験目的

　学校において教師は生徒の行動を評価することを業務の一つとする。評価する教師は自分の目の客観性を疑わず，評価される側はそれを真実と思い込み一喜一憂する。はたして人が人の行動を評価することは客観的でありうるのか，また特定の生徒に対する「正しい評価」というものが存在するのかを明らかにするためのシミュレーションである。

（2）グループワーク

①教員研修の場合は教師数人で一つの班をつくり，その班員が共通に知っている生徒を被評価者役として一人選ぶ。教育心理学の授業の場合は5～6人の班をつくり，その班員が共通に知っている人を被評価者役として一人選ぶ。班員は評価者役として，被評価者役の日常生活を振り返り「行動の記録」の票の評価項目について評価する。記録は，まず各評価者のノートにA～Dの4段階により記録し，それをもとに班として一つの「行動の記録」票を完成させる。次に一つの評価項目につき何人が同じ評価をしたかを記入する。5人の班でたとえば全員一致は5/5，2人と3人に分かれた場合は多い方の3/5とする。

②完成した「行動の記録」をもとに，「正しい評価」はあるのか，あるとすればどれかを班で話し合うと同時に，模擬評価をしながら感じた疑問を出し合う。

【行動の記録】

班 [　　]	被評価者役氏名 [　　　]			一致度の平均 [　／　]				
	〈評価項目〉							
評価者役氏名	自主性	正義感	責任感	根気	礼儀	協調性	指導性	公共心
1 ──（自由に評価できるように，個人名は伏せてランダムに記入する方がよい。）								
2								
3								
4								
5								
一致度	／5	／5	／5	／5	／5	／5	／5	／5

回答例

（1）模擬評価の結果

次の表のとおりの結果が得られたが，実施上の問題と思われる点がいくつかあった。実験のためには班員が共通してよく知っている被評価者役でなければならないので，同級生のなかから選ばざるをえなかったが，そのことが比較的甘い評価となったように思われる。この「よく知っている被評価者役」であることが，一致率においても，二つの評価項目において全員一致することになったと思われる。なお，評価者役の一人が，「公共心というのはどういうことですか」という質問をした。このような質問に対しては，実際の学校においてもその定義は教師すべてが必ずしも一致しない現実を考え，「あなたの考える公共心の定義で評価しなさい」とのみ応答した。また，教師が記載する現実の通知表には，評価される子どもによってはオールBのような実際例もあるが，この実験ではそのような例は一例もなかった。すべて同じ評価になるのは，被評価者を知らないため機械的に無難な評価をしたとも考えられる。

【「行動の記録」結果】

班 [1] 評価者役氏名	被評価者役氏名 [内田] 一致度の平均 [3.75／5] 〈評価項目〉							
	自主性	正義感	責任感	根気	礼儀	協調性	指導性	公共心
1．荒田	A	B	A	B	A	A	B	B
2．渡辺	A	A	A	B	A	A	A	B
3．床井	A	B	B	B	A	A	A	B
4．松田	B	B	C	C	A	A	B	B
5．髙島	B	B	A	B	B	A	C	B
一致度	3／5	4／5	3／5	4／5	4／5	5／5	2／5	5／5

（2）「正しい評価があるのか，あるとすればどれか？」への意見の例

班活動参加者から出された意見をまとめると，次のようになる。

① 「正しい評価がある」とする意見

・一致度の高い評価は，正しい評価である。
・正しい評価があると思うが，出すのは難しいのでどれが正しい評価かわからない。

② 「正しい評価はない」とする意見

・評価は評価者の主観的な見方であり，個人に固有の絶対正しい評価はない。
・人の行動はそのときそのときで変わるから，一つの評価項目につきAとかBなどと段階で評価はできない。
・評価項目の定義が評価者により異なるのだから，どの評価が正しいとはいえない。
・評価者と被評価者との関係（好意をもつか嫌っているか）により，まっ

たく違った評価になることもあるので，評価は評価者・被評価者の関係にすぎない。

（3）その他評価する上で感じた疑問
〔評価するということに関して〕
① 教師が個々の生徒にもつ好き嫌いの感情に合わせ，評価も良いか悪いか一律に決まってしまう。（ハロー効果）
② たとえば自主性にしても生徒が学校で自主的に生活できるかどうかは，学校の制度や教師の指導とも密接に関係してくるが，生徒個人の責任にされてしまわないか。
③ 人間を特定の価値観で価値づけする（値ぶみする）ことにならないか。
④「根気」は自分の好きなことをするときはだれでも根気強いし，「礼儀」も自分の本当に尊敬する人になら礼儀正しくふるまうと思う。
⑤ 集団に協調しないで独自の考えで行動することが大切な場合もある。協調しない考えが正しい場合や，世の中を進歩させた場合もある。

（4）評価項目・評定尺度（A～D）に関して
① 評価項目の意味があいまいで，評価者によりその意味は異なってくる。
② 評価項目はどのようにして決めるのか。教育の目的とも関係あるのだろうが，学校が決めた評価項目より「その人として，その人らしく生きる」ことこそ人間にとって大切であるという考えもあり，「その人らしく生きているか」という項目があってもよい。
③ 自然科学では測定するのにスケール（ものさし・秤など）が厳密に決められているが，そのスケールなしに評定できるか。行動の評定尺度は相対的な比較であるとしても，その集団内のスケールがなければならないはずである。（その集団内のスケールとなるのが評価者＝教師の主観になってしまっているのかもしれない。）
④ 段階評価は分類であるが，同じ評価（分類）の者でも具体的行動は個々に異なる。（もし仮にすべての評価項目において同じ者がいたとして，その人たちがまったく同じ行動をとるとは思えない。）

【日本とアメリカの通知表】

小学校5年生の通知票の行動評価の例

項　目	生　活　の　よ　う　す 生　活　の　ね　ら　い	認　定 学　期		
		1	2	3
基本的な生活習慣	進んで健康を増進して，身のまわりを整理整とんし，安全な生活ができる。	B	C	C
自主性	正しいと思ったことははっきりとのべ，自ら実行することができる。	B	C	B
責任感	約束やきまりを守り，進んで仕事をし，責任を果たすことができる。	B	C	C
勤労意欲根気強さ	進んではたらき，最後までやりとおすことができる。	C	C	C
創意工夫	新しい考えや方法をとり入れ，生活を高めようとすることができる。	C	C	B
情緒の安定	落ち着いた行動ができ，和やかな気持ちで，明るく生活することができる。	B	B	B
寛容・協力性	人の気持ちや立場をよく考えて，だれとでも協力することができる。	B	B	B
公　正	よい悪いをよく見きわめ，誘惑に負けないで生活することができる。	B	C	B
公共心	きまりや約束を守り，進んでみんなのために仕事をすることができる。	B	C	B

「生活のねらい」という学校が決めた価値項目により，子どもはＡＢＣの3段階で評価される。これは等級づけされることでもあり，監理されることでもある。この評価項目と次のアメリカの通知表（report card）の評価項目の相違が，その社会が子どもに期待する価値の相違を示している。

174　第Ⅲ部　実験

アメリカの小学校の行動評価の例

個人的な成長について

この「個人的な成長について」では，あなたの子弟の発達面についての大切な面を表しています。各項目についている記号は，あなたの子弟の成長についての，教師の評価を反映したものです。　　S＝十分です。　　I＝向上しています。　　N＝改善が必要です。

	学期			
	1	2	3	4
自信がついているか。				
自分をコントロールしているか。				S
他人の権利や感情を尊重しているか。				S
他人の役に立っているか。				
建設的な提案を受け入れるか。				
道具を大切に扱うか。				S
クラスメートや大人への礼儀を重んじているか。				
自発的に規則を守っているか。				S
集中して聞けるか。				
指示に従うか。				
賢明に時間を使うか。				
ていねいに作業を行うか。				
自分の行動に責任をもつか。				
集団としての行動に責任をもつか。				
落ち着いているか。				S
健康を保っているか。				S

学校をつくる目的がどこの国でも同じなので，通知表の内容も当然類似してくるが，教育への見方を反映して，おのずから違いが現れる。通知表の「個人的な成長について（personal growth）」という見出しは，これが個人的な記録であり他の子どもとの比較を意図しないという意味であろう。他児との比較を意図しないのですべての評価項目に記入する必要はなく，レベルもS（良好）のみを記入している。また「教師の評価（teachers appraisal）」とあるのも，「教師の個人的な」という意味をこめていると思われる。

III - 2　再定義

教育評価の再定義

文献に見る教育評価の定義

　教育評価は学校教育に必要であるという前提で，教育心理学書のなかでも常に一つの章を設けて解説されてきた。そのひとつから教育評価の記載を抜粋すると，次のとおりである。

　「教育評価とは，教育によって生じた児童・生徒の学習や行動の変化を，一定の価値基準にてらして判定することを中心として，さらに，その変化の基礎または背景となる諸条件をもとらえようとする営みである」（白佐俊憲『教育心理学基本テキスト』1990年，川島書店）

　さらにこの著者は，「およそ教育の存在するところ評価があり，評価によって教育を効果的に発展させることができる」と述べ，評価と教育が不可分であることを説いている。このように教育評価の必要性を自明のこととするのは，教育関係の辞典を調べても一貫している。たとえば教育評価は次のように記載され，さらに教育評価を充実させることを説いている。

　「教育評価は子どもの学習や生活向上・改善に大きな役割をもつので，学校として評価基準を作成し，全校的にその充実をはかるとともに児童生徒や保護者等の理解を得ることが望まれる」（『学校カウンセリング辞典』1995年，金子書房）

評価は教育に必要か，また可能か

　ところで，なぜ教育するのにテストをして点数をつけなければならないのか，なぜ子どもの比較が必要なのか。進歩の評価ならば，教師自身のノートに学習者個人の記録をするということでよいはずである。教師自身の授業の反省・資

料ならば，教師の手持ち資料としての個人記録でよいはずである。大人社会での資格授与や選抜に際してはテストや点数が必要となるのだろうが，教育の目的は資格授与や選抜ではない。現実にテストも評価も用いない学校が存在するように，教育に評価は本来必要ではなかったと思われる。

　特に行動の評価の場合，人間が人間を評価することは可能なのだろうか。先のエクササイズの実験では，評価者により行動評価は異なった。先のテキストの著者のような評価推進論者は，複雑な人間存在を評価できるかどうかに疑問をもたない。仮に人間を何らかの尺度で点数化できたとしても，それを基に人間性に優劣をつけることはできないのではないだろうか。なぜならば，その点数はあるテストで測った場合の違いを表してはいるが，それは人間の能力の，ごく限られた一面にすぎないからである。

評価の弊害

　前掲の『教育心理学基本テキスト』には，教育評価が児童・生徒に自己の進歩の度合いを知らせ学習を動機づけるためであると明記されている。子どもは，よい評価を得るために勉強するようになるという意味で，動機づけられることは確かである。しかし，その子どもなりの学習のあり方があり，大人が期待するほど成績が伸びないこともある。そのとき，成績不振の原因を自分の能力にあると考えれば，学習意欲を喪失し，さらに自己否定感におちいる。この事実は学習性無気力として知られている。この他にも，子どもの行動に対して外から評価を与えることが，その評価を得ることを目的としてしまうため，かえって自発的な学習意欲を減退させるという事実は，経験的にも実験的にも確かめられている。

　勉強そのものが，人間の文化を学ぶという本来の目的ではなく，よい点数をとるためのものとなり，評価されない状況になると自ら学ぶ，練習に励むという学習の主体性を喪失してしまう。また大人と子どもの関係を，よい評価という条件を満たせば認められるという条件付きのものにする。この条件付き肯定のもとで学業成績の悪い子どもは，人格全体まで否定的に評価され，自分の存在意義を見失うこともある。

教育評価を再定義する

教育によって生じた児童・生徒の学習や行動の変化を，一定の価値基準にてらして判定することを，伝統的な教育心理学は教育評価とよんできた。教育現場でも，教育評価は子どもの学習や生活向上・改善に大きな役割をもつとして実施されてきた。その方法としては，学習者が属する集団のなかの相対的位置（順位，偏差値など）を示す相対評価，学習目標をどの程度達成したかを判定する絶対評価または到達度評価，学習者が以前の状態からどの程度進歩したかを見る「進歩の評価」などがある。このように，教育評価は教育実践と不可分のものと理解され実践されて，学校を評価の世界にしてきた。

しかし近年，評価が学習者の主体性を喪失させるなど，学習性無気力をはじめとする評価の弊害が問題になっている。また大人と子どもの関係を，子どもがよい評価という条件を満たせば大人から認められるという，条件付きで肯定される関係にしている。この条件付きの肯定のもとで学業成績の悪い子どもは自己否定的になり，自分の存在意義を見失い，種々の神経症的な行動を示すこともある。このような評価の世界となった学校において，子どもどうしもお互いに評価し否定する行動が，いじめへとつながっているとも考えられる。

そもそも「人間を測ることができるのか。絶対に正しい評価はあり得るのか」などの研究が今後必要である。大人社会の資格授与や選別のための試験制度をそのまま子どもの教育に取り入れたのが現在の教育評価の制度である。人を評価することは，人間を価値づけたり序列づける値ぶみにつながり，教育と評価は本来相いれない行為である。

荘子② →
相対評価に代わり絶対評価の導入が学校教育では進められている。しかしこの議論には「評価は教育に必要である」という暗黙の前提があり，その前提を吟味しなければならない。紀元前の思想家荘子は「物にはもとより然るべきあり，物として然らざるなし」と述べている。
（出所：夏目漱石『夢十夜』1966年，角川書店版）

物固有所然
無物不然

II-3　エクササイズ
　　　（模擬障害体験）

> 課　題

（1）実験目的

　コミュニケーションが不自由な人には，聴覚障害の場合のように音声言語（speech）のみに不自由な者と，自閉症のように音声言語のみならず身振りなども含めたすべての言語（language）そのものに不自由する者がいる。このようなスピーチ（speech）のみの障害の者がよく相手の目を見るのと比べ，自閉症児の特徴とされる視線が合わないという行動は，その言語（language）そのものの障害と関係があるという仮説を確かめる。

（2）グループワーク

　2人一組になり，各自が今相手に伝えたいことを一つ思い浮かべる。各ペアは，次のシミュレーション試行手順①～③の設定に従い，その伝達したい事柄を相手に伝えることを試みる。当然，③の段階では伝えたい事柄そのものをことば（日本語）に表すことになるので，①・②で伝えようとしたことの正解を言うことになる。なお，「今相手に伝えたいこと」の例としては，「あなたのペンを貸してほしい」とか「お腹が空いたので外に食べに行こう」などというような，日常的で簡単な事柄が考えられる。

（3）シミュレーションの試行手順

①ランゲージの障害の設定：日本語も身振りも用いずに意思を伝える。（言語不使用）
②スピーチのみの障害の設定：自分なりの身振りで意思を伝える。（身振り言語使用）
③障害のない場合の設定：日本語を用いて意思を伝える。（音声言語使用）

（4）記録

　次の様式に従って，自分のとった具体的行動と伝達の成否の結果を（伝達成功は○，失敗は×で）記録する。

障害の段階	具体的しぐさ	受信者が理解した内容	結果
言語不使用 （指さしも使用不可）			
身振り言語使用 （指さし使用可）			
音声言語使用 （伝達内容の答え）	――――		――――

（5）グループワーク

ペアワーク終了後，このシミュレーションの結果をもとに，仮説の確認を中心に聴覚障害児や自閉症児の行動について理解できたことを話し合う。

回答例

（1）ペアワークの実際例

言語不使用による意思伝達はできなかった。身振り言語使用の場合は正解が多く，間違った場合でも要求と命令を取り違えるような違いであった。次に例をあげる。

①Aさんの例

障害の段階	具体的しぐさ	受信者が理解した内容	結果
言語不使用	物を探して動き回り，コップを見つけ相手の手に握らせ，水道の蛇口のところに手をもっていく	コップを洗ってください	×

| 身振り言語使用 | 相手を見て水道の蛇口を指さし，コップで飲むしぐさをする | 水を飲みたい | ○ |
| 音声言語使用 | —————————— | コップに水をちょうだい | — |

②Bさんの例

障害の段階	具体的しぐさ	受信者が理解した内容	結果
言語不使用	急に窓に近づき外をあちらこちら見わたし，さらに窓を開けようとする	雨が降っている（当日は実際に雨が降っていた。）	×
身振り言語使用	相手を見て窓を指さしそれを開けるしぐさをし，外を指さす	窓を開けて外を見て	×
音声言語使用	——————————	窓を開けて外を見たい	—

（2）仮説の確認および聴覚障害児や自閉症児について理解できたこと

〔聴覚障害児〕

　難聴の子どもが集団のなかで周囲の子どもの様子や保育者・教師の口元や表情を注目するのがなぜか，よくわかった。

〔ランゲージの障害の場合〕

　①視線が合わない行動について

　自閉症児といわれる子どもの特徴として，視線が合わないということが一般的に言われているし，実際に観察することもできる。これと同じ現象が，このシミュレーションの言語不使用の段階でも見られた。コミュニケーション手段を欠くと，人を意思伝達の対象としないから相手を見る必要はないし，その結果として単独行動になるのだろう。この障害体験シミュレーションの実験から，人が相手の目を見るということには，コミュニケーションする相

手を確かめるための同調（チューニング）という意味があることがわかる。

　一部の自閉症に関する専門書（たとえば小林重雄・大野裕史編著『情緒障害児双書　②　自閉症』1988年，黎明書房）は，自閉症児が視線を合わせないことについて次のように記載している。「自閉症児は単にヒトと関係を結べないのではなく，より積極的に避けていると考えられる」。もしこの記述が観察をもとにしているなら，そのとき観察した大人は（自閉症児であるが故にではなく，大人側の関わりのまずさ故に）本当に避けられていたと考えられる。関わりのまずさ故に大人を避けることは，自閉症児でなくともあり得る行動だろう。

②多動について

　シミュレーションの実際例で示したAさんの例の言語不使用の段階で，「物を探して動き回る」行動を見てその班の者が「自閉症の多動そっくりだ」という感想を述べた。コップがその部屋にあるのかないのか見当がつかないと無計画に動き回ることも確かだが，その行動の意味がわからない者には，「自閉症そっくりの多動」に見えるのかもしれない。

③クレーン現象について

　シミュレーションを実際に体験してみると，言語不使用の段階で指さしも使用できないとなると，水を要求するのに「蛇口のところに人の手をもっていく」ことしか手段がないことが体験的に理解できる。この行動が，あたかもクレーンのごとく人の手を利用するので，いわゆる「クレーン現象」とよばれるのかもしれない。

④ことばの「主体と客体の混同」について

　身振り言語使用の段階で「（私は）見たい」を「（あなたが）見てください」というように，行動の主体を取り違える誤りが多かった。このような主体と客体の混同は，自閉症児のはなしことばにも見られ，これも言語そのものの障害を表しているのかもしれない。

III - 3　再定義

障害児教育の再定義

文献に見る障害児教育の定義

最も新しい心理学辞典には，障害児教育が次のように記載されている。

　「法令上，障害児教育の目的は教育基本法第1条に準ずるものであり，一般には社会参加と社会的自立，自己実現および心身の調和的発達が掲げられる。障害児教育とは，個々のニーズにあった最適の教育環境を保障することであり，障害を軽減，改善，克服することと同時に，個々がもっている能力を最大限に発揮できるような教育サービスを提供することにより，結果として教育の目的を達することになる」（『心理学辞典』1999年，有斐閣）

この「障害を軽減，改善，克服」に注目し，もう一つの心理学辞典にあたってみると，次のように記載されている。

　「身体的，精神的，あるいは情緒的な障害を有する子どもに対し障害の特殊性を配慮しながら，可能性を伸ばし，障害の改善・克服をはかる教育」（『教育臨床心理学中辞典』1990年，北大路書房）

このように，「障害を軽減，改善，克服」することを障害児教育は意味しているといえる。そしてこれは，当然のこととして教育の現場でも実践されてきた。

「障害の軽減・改善・克服」の意味するもの

障害を発見し，それを正常な状態に治すことは，医療が本来の役割としてきた。障害を診断し，手術や理学療法・作業療法などの医療技術で，障害を軽減したり進行を抑える治療が行われる。このような障害の軽減のための対応がな

されるのは，障害の種別を問わず障害児教育でも一般的である。障害児の学校の教育目標には，普通学校と同じ各教科・道徳・特別活動の他，障害児のためのカリキュラムとして「養護・訓練」の時間が設けられる。聴覚障害の子どもには，障害のない人たちとも話せるように言語指導（口話法）・聴覚学習（聴能訓練）が行われる。精神遅滞児や自閉症などの発達障害の子どもには，日常生活の自立のための社会生活訓練や作業学習（園芸・木工・軽作業）が行われる。これらの養護・訓練は障害の軽減のためであり，そのような教育方針は正常に近づけるという意味で「正常化論」ということができる。

正常化論の問題点

この正常化論の問題点は，障害をその人の「内なる異物」と見る心理を育てかねないということである。すなわち「障害はなければよいもの」という認識を子どもに植えつけかねない。この「なければよいもの」という障害観は，障害克服の原動力にもなるが，それが完全に除去できない障害である場合，子どもは障害をもつ自分自身を否定的に見ることだろう。障害児自身がその障害を否定的に見る限り，その障害をもつ自分を否定し続けなければならない。その自己否定感は劣等感・閉じこもり・行動意欲の減退・自傷行為，ときには自殺企図に発展することもある。

もう一つの正常化論の問題は，親子関係への影響である。特に母親との間で将来の人間関係のもとになる愛着関係を形成することに支障をきたすことがある。母親が「この子は直さなければならない障害を抱えた子だ」という認識をもてば，医療関係者などの指導に従い懸命に「直そう」として子どもに関わる。それは子どもの存在をあるがままには喜ばないということである。この「あるがままを喜ばない」という母親の気持ちは，そのことばや表情をとおして子どもに伝わり，母子間に心理的隔たりをおくようになる。このようにして基本的信頼を発達させられなかった子どもが，学校生活のなかで他者への暴力など，人間関係上の問題行動を示すようになることがある。

障害の受容

そこで，障害児教育の目標は，単に障害の軽減や克服だけではなく，障害を本来の自分の一部として肯定的に認識するような指導が求められる。このよう

に，自分の障害を肯定的に自分の一部として統合できることを「障害の受容」という。これは，障害を無理に認めることでもなければ，仕方がないとあきらめることでもない。人が自分の顔や性格をあるがままに自分そのものとして違和感なく認識するのと同じく，障害もその程度や内容と関わりなく自分そのものとして認識する状態であり，障害の肯定とも言い換えることができる。

この障害の受容の教育のためには，周囲の大人，特に親や教師が，その障害をもつ子どもを，あるがままに受容することが前提となる。障害の有無に関わらず，その子の存在を受容することが，子どもの自己受容を可能にする。そのためには，「生命というものは本来何らかの欠如を内包する存在である」という生命観に立ち，障害をだれにでも存在する欠如の一形態と見る障害観が必要になる。

障害児教育の再定義

一般に障害児教育は「身体的，精神的，あるいは情緒的な障害を有する子どもに対し障害の特殊性を配慮しながら可能性を伸ばし障害の改善・克服をはかる教育」と定義されている。現実に特殊学校における養護・訓練は障害の軽減のためであり，それは正常に近づけるという意味があるので正常化論ということができる。このような障害軽減のための指導のもとで，子どもは障害をもちながらも自立した生活に近づくことができる。

反面その親が子どもの正常化に積極的であればあるほど，発達の初期に，母子の愛着関係の形成を阻害しやすくなる。同時に子ども自身も成長してから否定的自己像を形成することにもなる。その結果，子どもは自己否定行動や他者への暴力などの行動障害を二次的に示すことがある。障害児教育の難しさは，障害の軽減のために親や療育従事者が熱心になればなるほど，子どもは自分の障害を受容するのが困難になるという矛盾をはらんでいるという事実である。子どもが障害をもつ自分に自信と誇りをもって生活できるような教育であるためには，「人間は何らかの欠如をもつ存在である」という考えに立ち，子どもの存在そのものを肯定しなければならない。

14 実験室的実験 2 ── 統制群法

I 研究法

```
                ┌ 教育シミュレーション → 第13章
                │          ┌ 要因操作
実験室的実験 ┤          │
                │ 統制群法 ┤ 誤差管理（事前テスト・盲検法）
                │          │
                └          └ 操作効果判定（事後テスト・検定）
```

統制群法

　ここに学校嫌いで不登校中の小学生が100人おり，全員が市町村の教育委員会が設置する適応指導教室に1年間通ったところ，70％の子どもが翌年から通学するようになったとする。この事実から適応指導教室は有効である，あるいは子どもの再登校の原因は適応指導教室であるといえるだろうか。じつは必ずしもそうだとはいえない。なぜなら，適応指導教室に通わなくとも，1年後にはやはり70％の子どもが再登校する可能性を否定できないからである。実際のところ，小学生の場合は適応指導教室に限らず自宅で登校刺激を受けないで生活すれば，ストレスから開放され登校の意欲を回復して再登校する場合が多い。

　適応指導教室に通って再登校した子どもが70％になったことには，教室自体の効果というよりも，その間に登校刺激を受けなかったこと，そこに通うにあたって親子の会話の機会があったことなどが影響しているかもしれない。そこで，適応指導教室参加と翌年再登校という二つの事象の関係を判断するために

は，適応指導教室に参加しなかった場合に期待される以上に登校率が高くなることを統計的に確かめなければならない。そのためには，最初から指導教室の参加群と不参加群をつくり，その両群の再登校の差を比較すればよい。このようにしてつくった参加群を**実験（試験）群**，不参加群を**統制（対照）群**といい，この研究法を**統制群法**という。

この場合のデータの構造を表にすると，下のようになる。適応指導教室参加かつ再登校のグループはA，同じく参加して翌年も不登校のグループはB，適応指導教室不参加かつ翌年再登校のグループがC，不参加かつ翌年不登校のグループがDである。Cが不参加グループ（C＋D）の70％であれば，適応指導教室参加に効果があったとはいえないことになる。

【データの構造】

適応指導教室	翌年再登校数	翌年不登校数
参加	A	B
不参加	C	D

要因操作

このとき，適応指導教室への参加・不参加を**要因**または**独立変数**といい，参加・不参加により変化する行動（翌年再登校・翌年も不登校）を**従属変数**という。教授法や指導法の効果を調べる場合なら，教授法や指導法が要因または独立変数であり，教授法や指導法により変化する学業成績や行動が従属変数である。独立変数を操作して集団に変化を加えることを**要因操作**という。要因操作を実施する側の集団が実験群，実施しない側の群が統制群である。

誤差管理

要因操作により変化するはずの学業成績や行動などの従属変数は，操作を加えた要因以外に実験群の性別・年齢・知能・疲労度・性格などにより影響され

る。このような，操作する要因以外で従属変数に影響する要因を，**剰余変数**という。剰余変数には先にあげた被験者の属性の他に，温度・照明・騒音などの実験環境，実験の教示や測定結果を評価する実験者などがある。従属変数に影響し測定誤差をもたらす剰余変数を最小限に制御することを**誤差管理**という。剰余変数を極力なくすためには，統制群と実験群が等質であることが必須であり，この統制群法の前提となる。剰余変数のうち被験者に関係する要因（たとえば性別・年齢など）を実験群と統制群に同数に割り振ることができれば，操作要因の効果を明確に把握しやすい。この方法を**対配分法**といい，学校の2学級を比較するとこれに近い。通常は，両群をできるだけ等質にするため，被験者を無作為に割り当てるのが一般的である。

事前テスト・事後テスト

このように，誤差管理では実験統制両群を等質にすることが重要で，特に教育効果の実験では，両群の能力が均質であることを確かめておかなければならない。その均質性を実験前に確認するのが**事前テスト**である。また要因操作後に，その操作効果の判定のため従属変数の変化を測定するのが**事後テスト**である。

この両群の等質性を確かめるための事前テストが学習効果をもち，事後テストに影響するかもしれない。その影響の有無を確かめるためには，下の四分割表のように四群を用いて実験する。なお，事前テストも事後テストも，得られた群間の差異は，統計学的に**有意差**を検定し，本当に差異があると判断してよいかどうかを検討しなければならない。

【事前テスト四分割表】
aとbの差異とcとdの意差が同じといえるかどうかを統計的に検討し，事前テストの影響を確認する。

群	事前テスト	事後テスト結果
実験群Ⅰ	あり	a
統制群Ⅰ	あり	b
実験群Ⅱ	なし	c
統制群Ⅱ	なし	d

盲検法

　先に剰余変数の一つとして実験者をあげた。要因操作を担当する実験者（教師）が新教授法に対する期待をもてば，従来の教授法による授業より熱が入り，その熱意が子どもに伝わることも考えられる。こうなると，教授法の比較ではなく教師の熱意が子どもに及ぼす影響の比較になりかねない。同じように被験者（生徒）が計画を知っているかどうかも影響する。仮に，ある教授法の効果を確かめるために，新教授法を実験群，従来の教授法を統制群とし，両方の授業後の被験者の印象を質問紙法で測定して，その差を比較するとする。その効果判定のための質問紙法の結果は，被験者が実験群に属することを知っているかどうかによって影響を受ける。新教授法に対する子どもの期待や，それを教授する教師の期待に応えようとする子どもの心理が，回答に影響することがあり得るからである。また事後テストの判定においても，効果測定を具体的な判定基準のない感想文や描画などの作品の評価で行うときは特に，その解釈にデータ解析者（判定者）の主観が混入することは避けられない。そこで，厳密な実験のためには，被験者・実験者・データ解析者に実験計画を知らせないことが必要である。このような方法を**盲検法**という。

　下の表のように，被験者だけが実験計画を知らされていない場合を単純盲検法という。さらに被験者も実験者も共に実験計画を知らされない場合を**二重盲検法**という。なお厳密に，効果測定のための事後テストを評価する判定者にもその回答が実験群のものか統制群のものかを知らせず，被験者・教授者・判定者の三者ともが実験計画にブラインド（計画を知らされていない）の状態にある場合を**三重盲検法**という。判定に主観が入り込むおそれのあるときには，二重盲検法を行っても判定者が回答者の所属群を知っているならば，その意味がなくなる。

【盲検法】

	単独	二重	三重
被験者	■	■	■
実験者		■	■
判定者			■

■ 実験計画に関してまったくブラインド
□ 実験計画を知っている可能性がある

II　エクササイズ

課　題

次の（1）～（5）の要領で統制群法の実験を自ら計画し，それを実際に試みる。

（1）実験目的
自分で工夫した教授法・心理療法などを実際に試み，その効果を検証する。

（2）実験計画
被験者集団を4グループに分けた次の実験デザイン例を参考に，実験目的と被験者にあった実験計画を各自作成する。実験群と統制群に分けるときに，両群を等質にする工夫をする。このエクササイズでは被検者を無作為に各群に割り当てる方法でよい。可能な限り二重または三重の盲検法を用いること。なおこの実験デザイン例には次のような意図がある。

① 要因操作の前後2回の従属変数の測定を行うことにより，実験群と統制群の等質性を確かめ，事後テストの結果が被験者本来の要因ではないかどうかを確かめる。
② 実験群と統制群をそれぞれⅠ・Ⅱに分けることにより，事前テストが事後テストに影響しているかどうかを確かめる。

【実験デザイン例】

群	事前テスト	事後テスト	要因操作
実験群Ⅰ	あり	あり	あり
統制群Ⅰ	あり	あり	なし
実験群Ⅱ	なし	あり	あり
統制群Ⅱ	なし	あり	なし

（3）要因操作

効果の判定や有意差の検定のために，その変化を数量的に測定できるような操作であること。

（4）操作効果判定

実験統制両群の事後テストの平均値の差によって判定する。

（5）有意差の検定

「平均値の間に差がない」と仮定（これを**帰無仮説**という）した場合に，この仮定が認められるか否定されるかを検定する（**t検定**）。その結果は，帰無仮説を採用した場合にどれだけの誤りをおかすおそれがあるかという**危険率**（**有意水準**ともいう）で示される。誤りの確率であるから，一般に5％未満とか1％未満などの低い値に設定される。計算された危険率がこの値の範囲（**棄却域**という）に入ったときに，帰無仮説は棄却される。つまり，二つの教授法・療法に，効果の違いがあったといえる。この判定にあたってはt分布表が必要になるので，統計学書を用意すること。

回答例

（1）実験目的

集団カウンセリングの効果の検証。

（2）実験計画

心理学の授業に参加している56人に，放課後残って実験に協力できる者を募集したところ25人になったので，実験群25人，統制群31人とした。なお，募集の段階では要因操作が集団カウンセリングであることは明らかにしていない。

【実験デザイン】

本実験では，実験群と統制群をそれぞれⅠ・Ⅱに分けることはしなかった。

		実験群	統制群
実験対象	人数	25人	31人
	性別	女性	女性
	年齢	18〜23歳	18〜23歳
	職業	大学生（看護学科）	大学生（看護学科）
	要因操作	集団カウンセリング	————
盲検法	要因操作	「集団カウンセリングの演習」と説明	事後テストを心理検査演習と説明
	効果の判定	回答用紙の実験群・統制群の割り付けをわからないようにして判定	

（3）要因操作

要因としての集団カウンセリングを，演習の名目で次の要領で実施する。

① 集団構成：6〜7人からなる班を4つつくる。（6人の班3つ，7人の班1つ）
② 場所：放課後に空いている教室で一班が一教室を利用する。
③ 時間・回数：90分のセッションを一日おきに3回実施する。
④ カウンセラー：次の教示や会話を促進する発言以外は，まったく聞き役に徹する。
⑤ 教示：「これから集団カウンセリング演習を3回に分けて行います。第1回目は自分の性格について相互に自己紹介の形で話します。第2回は紹介されたお互いの性格のなかから共通点を見つけ，その話をします。第3回は自由な話し合いとします。その際のルールは，他の人の発言を批判したり否定したりしないで，よく聴くということだけです」

(4) 事後テスト
①テストの実施

次の文章完成テストを，心理検査演習の名目で実験群・統制群の両方に実施する。

「私」のイメージは？

次の「私は」の後に，頭に思い浮かんだ自分についての事柄を続けて書いて文を完成させてください。
 (1) 私は，(　　　　　　　　　　　　　　　　　　　　　　　)

　　　　　　　　　　　　　　　　⋮

 (10) 私は，(　　　　　　　　　　　　　　　　　　　　　　　)

---

②効果の判定（回答の分類・自己肯定度の算出）

テスト用紙の完成文 (1)～(10) の記述の内容を次の基準で肯定・中間・否定に分類し，「肯定＋中間」の割合を「自己肯定度」とし，その統制群と実験群の間の差で効果を判定する。回答の肯定・中間・否定の分類は，その回答の統制群か実験群かの割り付けをわからないようにして（盲検法），実験者自身で行った。

　肯定 affirmative：「幸せだ」「親切だ」などの自己肯定的な感情の表明
　中間 neutral　　：「アルバイトで忙しい」「歌が好き」などの客観的な事実の
　　　　　　　　　　みの表明
　　　　　　　　　（無記入の数も含む）
　否定 negative　 ：「だめ人間」「すぐ怒る」などの自己否定的な感情の表明

〔集計〕

	否定率	中間率	肯定率	自己肯定率
統制群平均値	28.6	40.1	31.3	71.4
実験群平均値	21.9	39.9	38.2	78.1

注：否定率など各分類の割合は（否定的内容文章数／10(全文章数)）×100の式で算出した。

(5) 平均値の差の検定

統制群と実験群の平均値の差は要因操作の影響か，それとも特に意味のある差とはいえないのかを知るためにt検定を用いる。（両群の分散には問題とするほどの差はないものとみなす。）

① 個々のデータを基に不偏分散を求めると次のとおりである。（不偏分散は分散を求める式の標本数Nの代わりに(N-1)を用いて計算する。P.63参照）

	自己肯定率	不偏分散	標本数N
統制群平均値	71.4	119.50	31
実験群平均値	78.1	138.75	25

② 共通の分散を求めると次のとおりである。

$$共通の分散 = \frac{(25-1) \times 138.75 + (31-1) \times 119.50}{24 + 30} = 128.06$$

③ t値を求め，t分布表を調べてtの理論値と比べる。

$$t = \frac{78.1 - 71.4}{\sqrt{128.06} \times \sqrt{(1/25) + (1/31)}} = 2.19$$

④統計学書付表の t 分布表より自由度＝25＋31－2＝54，危険率 α ＝0.05の棄却率を読み取ると t ＝2.037である。計算した t ＝2.19は理論値 t ＝2.037より大きいから，α ＝0.05で帰無仮説は棄却される。つまり実験群と統制群の間の平均値の差は意味があり，集団カウンセリングは自己肯定感育成に有効である。（論文ではp＜0.05と表示する。）

【共通の分散およびt値を求める式】

$$共通の分散＝\frac{Aの不偏分散×(Aの標本数-1)+Bの不偏分散×(Bの標本数-1)}{(Aの標本数-1)+(Bの標本数-1)}$$

$$t＝\frac{Aの平均-Bの平均}{\sqrt{共通の分散}×\sqrt{1/Aの標本数+1/Bの標本数}}$$

Ⅲ　再定義

カウンセリングの再定義

文献に見るカウンセリングの定義

　多くの辞典の定義では，カウンセリングを「問題を解決してやることではない」としながらも，同時に「問題や症状の解消や適応行動の獲得」とか「適応機能の強化」など，クライエントを「直すこと」を意図する記述があり，矛盾している。

　「カウンセリングの目的は，クライエントの問題を解決してやることではなく，クライエントがみずからの力でそれを解決するのを援助することである。その目的は，①問題や症状の解消や適応行動の獲得など，より具体的な効果で，クライエントは一般にこの面を期待してカウンセリングを求めてくる。②適応機能の強化を目指す人格的基盤の再体制化と開発である」（『教育

臨床心理学中辞典』1990年，北大路書房）

　このようなクライエントの変化を意図することにはまったくふれない，次のような定義も存在する。このなかの「共感的な理解や無条件の好意的な配慮」は，クライエントを直そう，変えようとする態度と相いれないと考えられる。

　「情緒的問題や基本的に自らの生き方に問を投げかけているあらゆる年齢層の人びとに対する心理的コミュニケーションによる人間的な援助の営みと表現できる。だからカウンセリングの場の在り方や人間的な関係の質が問われることになる。心理的に自由で許容的な場を保障するために，基本的には秘密保持の原則が貫徹されなければならない。また，人と人との信頼関係や人格的人間関係を形成するためには，ロジャーズのいうように援助する者は相手に対して共感的な理解や無条件の好意的な配慮が最低限伝達されるように努める必要がある」（『学校カウンセリング辞典』1995年，金子書房）

直す（cure）と癒す（care）

　例としてあげた二つの辞書による定義の大きな違いは，最初の定義が「問題や症状の解消や適応行動の獲得」であったり，「適応機能の強化」というように「直すこと（cure）」であるとしているのに対し，二つ目の定義は「人間的な援助」としていることである。この二つ目の定義は，クライエントを直すことや変化させることには一切ふれていない。そこでは，「相手に対して共感的な理解や無条件の好意的な配慮」をするのであるから，直そうとする関わりとは逆に，クライエントのあるがままを肯定することである。このような援助は，直す（cure）ことに対し，癒す（care）ことといえる。なお，「cure」と「care」については，16章でも再びとりあげる。

指示的と非指示的カウンセリング

　たとえば不登校の子どもの相談において，仮にカウンセラーが不登校を直すべき問題行動の一つと考えているとする。このような「直そう」とするカウンセラーにとって，相談にのるということは問題行動を「直す」こと，この場合は「登校できるようにする」ことが目的になる。機械が故障すれば，修繕を業

とするメカニックの場合，その原因が何かということに関心は向く。それと同じようにこのようなカウンセラーは，「だれもが行っている学校に行けないということは何らかの問題が本人の性格にあり，さらにそれをもたらした親のそれまでの子育てにも問題があるにちがいない」とその原因を考える。このカウンセラーは，これから先子どもを学校に行かせるために，専門家としての立場から親にはしつけのあり方を指摘し，子どもには叱咤激励することが考えられる。このような面接は，まさに**指示的カウンセリング**ということができるだろう。

一方，子どもとの面接に際して，たとえば学歴信仰・教育絶対視・集団中心主義・善悪判断などの社会通念を一切もたない場合も考えられる。その面接者の心の状態を，アメリカの心理学者カール・ロジャーズ（P.93のコラム参照）は社会通念が混ざっていないという意味で「genuineness（純粋性）」とよんだ。それは心から社会通念を追い出して空っぽにするという意味で，虚心または無心ともいえる。このような虚心（無心）の状態で，たとえば不登校の子どもの話を聞けば，親の期待に添えない申し訳なさ，学校に行けないことの罪悪感，自分に対する自責の念などを感じ取ることができるだろう。そのような親や子どもの「今ここで」の深い思いや悲しみにふれたならば，第三者として「こうしなさい」というような指示的なことばはもはや言えず，ただ「そうなんですか，大変な状況ですね」と，その状況に耐えるクライエントへの畏敬の念を伝えることしかできないかもしれない。このようなクライエントの「今ここで」の気持ちにふれ，その思いを共有することのみの面接もある。このような，カウンセラーがクライエントを直そうという意図をもたない面接は，**非指示的カウンセリング**ということができるだろう。「思いを共有する」ことを目的とするならば，昔の井戸端会議のように，必ずしも専門家を必要としない。そこに集団カウンセリングの意義があるのだろう。

カウンセリングを再定義する

カウンセリングの定義を二つに分けることができる。一つは，クライエントの行動を直したり，人格を変えたりすること（cure）を意図する面接のことである。そのために過去の生活のなかに原因をさぐり，これからのとるべき行動を指示することがカウンセラーの役割になる。このような面接は指示的カウンセリングとよばれ，子どもの行動の現実的な変化を求める学校カウンセラーに

多く見られる。

　もう一つは，クライエントの行動を問題であると否定的には見ないで，逆に一人の人間として肯定的に見て尊重し，直すことを意図しない面接である。その面接では，クライエントの過去の生活やこれからの行動よりも「今ここで」の感情に焦点を合わせ，その感情を尊重することがカウンセラーの役割になる。そのためには，カウンセラーの個人的な価値観をいったん棚上げし，既成の常識や価値観から自由になること，すなわち虚心（ロジャーズのいうgenuineness）がカウンセラーに求められる。このような面接のなかでクライエントの不安は癒され（care），主体的に行動できるようになる。この面接では，カウンセラーはクライエントに助言や指示をしないので，非指示的カウンセリングとよばれる。

IV

だい4ぶ

●● 事例研究 ●●

15 事例分析

I 研究法

```
事例研究 ┬ 追跡的研究 → 発達心理学の研究方法
case study│   follow-up or prospective study
          │
          └ 遡及的研究 ┬ 事例分析 ┬ 本人による記録（日記・手記・自叙伝）
            retrospective│ case analysis└ 第三者による記録（育児記録・指導録）
            study     │
                      └ ケースカンファレンス（事例検討）→ 第16章
                        case conference
```

追跡的研究と遡及的研究

発達心理学の研究においては，特定の子ども（個人または集団）の，たとえばことばの発達や身体機能の発達過程を出生時から追跡して縦断的変化を明らかにする方法があり，文字どおり**追跡的研究**とよばれる。この方法は数年間の長期にわたるために不便である。短期間で研究を終了するためには，各年齢集団を比較することによって年齢を追っての変化を明らかにすることもできる。これを**横断的研究**というのに対し，追跡的研究は**縦断的研究**ともいう。

教育心理学，特に人格形成などの研究では，特定の人格の持ち主や特定の行動をとった者の過去の生活や行動を調査し分析する方法が用いられる。この方法は，追跡的研究とは逆に，すでにある程度成長している子どもの過去にさかのぼって研究するので，**遡及的研究**とよばれる。特定の事例（個人）についての発達や人格や行動の追跡的研究や遡及的研究は，**事例研究**とよばれる。

事例分析とカンファレンス（事例検討）

事例研究には，人格形成の原理や問題行動の形成のメカニズムを明らかにし，同時に教育や指導の原則を明らかにする目的で行われる研究（case method for research）と，教師や教育相談員の教育や研修のために，それらの職員が直接担当した事例を助言者とともに検討する研究（case method for instruction）とがある。本書では前者を事例分析とよび，後者をケースカンファレンス（略してカンファレンス）または事例検討とよぶことにする。事例検討の歴史は，ハーバード方式ともよばれるように，最初ハーバード大学の法学の授業で判例研究として始まり，次に医師・看護婦などの医療職員養成に導入され，現在では医療機関においては職員研修の方法として定着している。このような歴史をもつカンファレンスは，臨床心理学でもさかんに行われており，教育心理学の研究法としても，また教員研修法としても実施されるべきだが，その普及は今後の課題である。カンファレンスについては16章で詳しく取り上げる。

事例分析の方法

事例分析では，典型的な人格や特定の問題行動・症状を示す人の事例が対象となる。生育歴の記録や学校の記録，親・兄弟，知人，関係者との面接記録等，入手可能なあらゆる資料を吟味して，生育環境，親の育児態度・教育観・指導法（治療法），学校環境，教師の対応などを分析することにより，人格形成・問題行動形成・症状形成などのメカニズムを解明しようとする研究方法である。また個別事例の解明にとどまらず，その背後にあるもっと普遍的な症状形成の原理・原則を明らかにすることがめざされる。

この事例分析の歴史は，ジークムント・フロイト（P.123のコラム参照）によって創始された精神分析にさかのぼる。フロイトの事例分析は，たとえば患者自身の回想録をもとにした「自伝的に記述されたパラノイアの一症例に関する精神分析学的考察」（通称シュレーバーの症例）のように，神経症の病因をさぐる方法として始められ，精神分析の理論的根拠とされてきた。

事例分析のための資料は，信憑性のある具体的な記録が得られれば，市販の伝記や手記なども利用できる。また，特定の問題をもつ子どもが記録した家庭生活などの手記や各種の精神疾患患者がその内面を記録した手記も，重要な資

料となる。このような事例に関する無数の情報のなかの，重要な情報を選択することから事例分析は始まる。

私たちは，暗黙のうちに特定の立場に立って情報の取捨選択をする。また同じ資料でも，たとえば狼に育てられた子の事例を見た時に（P.204参照），人間は環境に影響される存在であるという考えのもとでは「環境によって狼と同じように動物的になった」と理解するし，逆に人間は環境に積極的に適応する存在であるという考えのもとでは「人間は狼のなかでも生きていく適応力をもつ」と理解することだろう。ここでも，研究者は，対象事例だけでなく，自らの暗黙の見方をも自覚的に対象化することが求められる。事例分析は症例のメカニズムを解明する作業であるばかりでなく，研究者のこのような前提を検証する作業でもある。

事例分析とカンファレンスの相違点

事例分析は，典型的事例，希少事例など個別的な事例を取り上げるが，その目的は，個別の事例の深い理解をとおして人間の理解に至ろうとするところにある。研究者は，多数の資料から症状に至るメカニズムを説明する仮説をつくり，その仮説をもとにさらに資料を再調査し，あるいは新たな資料を探すなどしてそれを検証し，それをもとに新たな仮説をつくり……という作業を繰り返す。そういう意味で，事例研究は個人的作業である。

一方のカンファレンスは，教育現場での指導困難事例をもとに，担当者とその他の関係する教師集団がその問題の専門家から助言を受けるための研究・研修の場である。カンファレンスでは検証とは逆に，子どもを理解する特定の仮説を対象事例に演繹することにより問題行動を理解し，対策を考えるという作業になる。事例分析とカンファレンスの比較は次のとおりである。

【事例分析とカンファレンスの比較】

	目的	対象事例	方法	類似の名称
事例分析	人間・教育の研究（research）	典型例・希少事例（手記・指導録）	仮説検証 個人作業	一例報告 症例研究
カンファレンス（事例検討）	研修・専門家養成（instruction）	指導困難事例	仮説演繹 集団討議	ケーススタディー 事例研究会

Ⅱ-1 エクササイズ
（人間存在を考える事例）

事　例

名前：カマラ　　性別：女　　年齢：推定16歳　　報告者：発見者

発見者の記録

〔発見当時〕

《1920年》
10月17日　インドの山奥で狼の巣穴からそこで生活していた二人の人間の子どもがシング牧師により捕らえられる。この時は二人とも非常に健康そうでたくましかった。そのまま檻の中に放置され皮膚病で衰弱する。
11月24日　発見場所から離れた町の孤児院に収容されてシング夫人の介抱で元気を回復する。頭にもつれている髪の塊を切り取り水浴させる。年長の子は8歳くらい、年少の子は1歳半くらいで、それぞれはカマラ・アマラと命名される。

《1921年》
1月29日　二人で部屋から逃げようとする。それを妨げようとした女の子を強く噛んだりひっかいたりして逃げ出す。その逃げ足は四つん這いだがリスのように速く、茂みの中で動かない。
9月9日　先にアマラが、次にカマラが病気になる。
9月21日　アマラは病死する。カマラは飲み食いしようとせず、その死体から離れず2滴の涙を流す。この日からシング夫人への親愛感が兆すようになる。

〔最後の頃〕

《1926年》
服を着て外出するようになる。

《1927年》
2月10日　排便後身体を洗う。
2月10日　礼拝式のとき、歌うのに参加したが、調子はずれのかん高い声で叫ぶので皆の妨げになる。
3月12日　パジャマの紐を結べなかったが、他の子の援助をいやがる。
3月12日　山積みの衣服の中から自分の物を取り出せる。機会があっても死んだ鶏を食べない。
9月4日　肉を置きっぱなしにしても食べたりしない。朝の礼拝に規則正しくやってきて他の子と並んで座る。
9月4日　他の子どもたちが何も貰わないと自分だけ貰ったビスケットをもどす。

《1928年》
学習を積み重ね、人間性の成長を見た。しかし健康状態が悪化し、医師たちはその原因を発見できなかった。

《1929年》
発病する。病気の間カマラはいくつかの単語を口にしたが、それは意味のあるものだった。野性の習慣から脱し、人間らしい生活へ進歩を見せた。
11月14日　病死（診断名：尿毒症）

（出所：J.A.L.シング，中野善造訳『狼に育てられた子』1977年，福村出版）

課題

　カマラが保護されたときは身体的特徴・行動特徴・生理的特徴などがすっかり狼と同じように発達していた。人間に保護されて孤児院で生活するようになり，狼との生活と同じほぼ8年後に人間としての生活をするようになる。このカマラの生活の事実および下の追加資料も参考に，次の問（1）〜（3）を考えなさい。

　（1）この記録から知りうる人間の行動のうち，学習した（生後文化・環境のなかで習得した）ものはどのような行動か。
　（2）同じく人間の感覚で環境に順応してその機能を変化（発揮）させるのはどの感覚か。
　（3）この記録の著者は最後に「私はいま，人間に関する二つの要因すなわち遺伝か環境の影響かといったことをいずれに決めるかは，あなたがたにお任せしたいと思う」と書いている。あなたの考えを書きなさい。なおここでいう遺伝とは，（先の（1）・（2）で答えた）人間がもって生まれた「行動を学習する能力」や「感覚の順応性」のこととして考える。

〔追加資料〕
①身体的特徴
　歯はびっしりつまり，犬歯は普通より長く尖っていた。四つ足で移動していたため関節は硬く固まって開閉できず，立ち上がれなかった。目は昼間は眠そうで生気がないが，真夜中になるとカッと見開いて，光を帯びた。昼より夜の方がよく物が見えた。鼻は鼻孔が大きく，臭いをかぐときは小鼻を動かした。興奮すると鼻孔から音を出した。60m離れたところから肉の臭いを嗅ぎつけ，それを取ろうと台所に突進し唸り声をあげた。

②行動の特徴
　地面に置かれた皿に口をつけて犬のように飲み食いした。水や牛乳も犬のようにペチャペチャなめた。死んだ動物の肉でも臭いをかいで直行し，むさぼるように食べる。常に四つ足で移動し，追いつけない速さで走る。立って歩くまでに6年かかる。腰布をいやがるので外さないように固定された。腰布だけではいくぶん冷えるときでも寒がらない。火を怖がり，見ると茂みの中に走り込

んだ。大小便共にいつでも所かまわず排泄した。

③情緒の発達

保護されてから3年後，空腹時に偶然肉を食べられたときに，喜びの兆しが認められた他，笑ったり微笑むことは無かった。アマラの死をカマラがわかったとき，初めて目から大粒の涙が流れ落ちた。シング夫人に親しみを示すまでに1年を要した。

④言語の発達

発見されたときは人間の音声をもっていなかった。真夜中の遠吠えのような声以外，何の音声も出てこなかった。その遠吠えは毎晩1時間おきに3回聞かれた。身振り・表情・話しかけで意思を伝えるのは保護から6年後のことだった。夕食で何か欲しいものをたずねるとご飯を意味して「バー」と言う。単語のみ30語ぐらい発するが，文章にはならなかった。1926年に二語文（「ママ来た」の意）を言えるようになる。
（出所：J. A. L. シング，中野善造訳『狼に育てられた子』1977年，福村出版）

回答例

（1）人間が生後その文化（環境）のなかで学習する行動（主なもの）
- 歩行の仕方（二足歩行は人間文化のなかで学習した行動）
- 食事の仕方（手を使うか，犬食いをするかなど）
- 着衣（裸を恥ずかしいと感じるか）
- 発声（低い声かか高い声か）
- 意志疎通の仕方（ことばを話すことはもとより身振り・表情なども）
- 感情表現（泣く・笑う・微笑むなど）
- 排泄の仕方（決められた場所で排泄し，排泄後，尻を拭く）

（2）環境に順応してその機能を変化（発揮）させる感覚
- 視覚（どのような明るさで最もよく見えるか）
- 嗅覚（どのような匂いに，どの程度敏感に反応するか）
- 味覚（どのようなものをおいしいと感じるか）
- 皮膚感覚（寒暖の感じ方，着衣の皮膚接触を不快に感じる

（3）遺伝か環境か

　アマラとカマラが狼を親として生きていられたのは人間特有の学習能力と感覚の順応性あるいは可塑性のためであると考えられる。この「遺伝された」学習能力や感覚の順応性が人間形成の要因ともいえる。同時に，狼の環境で生活すると狼の生活になり，人間の環境で生活すると人間らしくなるという事実から，環境こそ人間形成の要因であるともいえる。このように，人間が狼に育てられるという出来事を遺伝（素質）という概念で読み取れば遺伝が，環境という概念で読み取れば環境が人間形成の要因といえる。

　そもそも人間が生きている世界は，遺伝とか環境という要素に分けられない。というのは，生物という存在は環境と一体の（切り離せない）存在であり，ことばの上では遺伝と環境に分けられても，生物が生きるという現象をそのような要素に分けることはできないのである。このようなことから，「遺伝か環境か」という設問そのものに問題がある。

狼に育てられた子カマラ →
カマラの行動を見て教育関係者は環境説を主張するが，この行動のもとになる柔軟な身体構造・優れた学習能力・生理的順応性は遺伝された資質である。生物の実態は遺伝と環境に分けられない。
（出所：J. A. L. シング，中野善造訳『狼に育てられた子』1977年，福村出版）

Ⅲ-1 再定義

「遺伝と環境」の再定義

文献に見る遺伝 - 環境問題

遺伝 - 環境問題は，辞典には**生得説**と**経験説**という用語で次のように記述されている。

　「個体の発達，人格の形成が主として遺伝その他の生来的素質によって規定されるか（生得説），主として後天的な環境における経験と学習によって規定されるか（経験説）について，古くから数多くの論議がかわされてきた。現在では，遺伝か環境かの二者択一ではなく，遺伝と環境との相互作用と考えられている。シュテルンは輻輳説を唱え，遺伝的要因と環境的要因の双方の作用する程度を問題にするべきであるとした」（『心理学辞典』1981年，誠信書房）

このように最初は両論が対立していたが，現在では遺伝と環境との相互作用と考えられるようになり，問題は人間の資質（身体的特徴とか性格や能力など）により遺伝と環境の影響する比重を明らかにすることであると述べられている。

遺伝 - 環境問題の研究法

人間の資質がどのように遺伝するかを研究するために古くから行われている方法として，**家系調査法**がある。これはある資質がどのようにその子孫に伝わるかを，特定の家系を遡及的に，あるいは追跡的に調査して明らかにする方法である。この研究は特定の家系の研究に限られていたこと，また同一家系であれば環境も似ているなどの問題がある。そこで，遺伝的条件がまったく同一の一卵性双生児が異なった環境で成長した事例を調査する**双生児法**がある。この方法では，2人の一卵性双生児の相違を，そのまま環境の影響であるとみな

す。また環境が同一の，一卵性双生児間と二卵性双生児間の特定の資質の相関を比較して，その違いを遺伝的な要因の影響によるものとみなす。この調査の結果，遺伝の規定力は，身長においては大きく，性格においては小さいということが明らかとなった。このように影響の度合いは異なるものの，人間の資質には遺伝も環境も影響するという見方を，**輻輳説**という。

遺伝‐環境問題は両義図形と同じ

狼に育てられたカマラの記録は，人間が狼に育てられれば言語はもとより歩行・排泄・摂食など，基本的な行動までまったく狼の行動を学習することを示した。さらに視覚・聴覚・嗅覚なども狼の生活に適するように順応し鋭敏になり，皮膚感覚も衣類を用いない生活に順応し寒さに強くなった。このような事実をもとに，カマラの記録は「人間は環境次第でどのようにでもなる」という環境説の根拠とされ，さらに教育がいかに大切であるかを説くときの根拠にも用いられてきた。このように，環境という概念で人間行動を理解することもできる。

しかしよく考えると，カマラが育ての親の狼の行動を学習したり，その生活に順応したりする能力はまさに遺伝された人間特有の資質である。あるいは，歩行の仕方をはじめ多くの行動の型が先天的に決まってはいないという自由度・柔軟性も，人間特有の遺伝された資質である。このように，遺伝という概念で人間行動を理解することも可能である。すなわち，女性を描いた**両義図形**が娘にも老婆にも見え，そして一方を見れば他方は見えなくなるように，人間存在も環境という概念でも遺伝という概念でも理解できる。その一方だけから

両義図形（Boring, 1930）→
この絵は娘にもなれば老婆にもなる。「遺伝か環境か？」という問いに対しても見方次第で遺伝とも環境とも認識できると同時に，一方（たとえば遺伝）を認めると他方（環境）は見えなくなる。

理解すると，他方を理解しにくくなる。

「遺伝と環境」を再定義する

　個体の発達，人格の形成が主として遺伝その他の生来的素質によって規定されると考える立場を生得説という。それに対し，主として後天的な環境における経験と学習によって規定されると考える立場を経験説という。この二つの立場をめぐって，家系調査法や双生児法などによる研究をもとに，古くから数多くの論議がかわされてきた。その結果，遺伝か環境かの二者択一ではなく，遺伝と環境との相互作用によるものであり，それぞれの影響の割合が人間の資質（身長のような身体的な面や性格などの心理的な面など）により異なるという輻輳説が正解とされてきた。

　どうしてこのような「遺伝‐環境」論争になってしまうのだろうか。それは人間が生きているという現象のなかに遺伝や環境という要素が独立して存在すると仮定しているからであり，このような考え方を**要素主義**という。ところが人間が生きている世界は遺伝や環境などという要素に分けられない。さらに同じ環境で生活しても，常に不満の絶えない人もいれば感謝して生きる人もいるように，個人により環境の意味づけや受け取り方は異なり，環境とそこで生きる個体は密接不可分である。生物という存在は，環境と一体になっている（切り離せない）存在なのである。ことばの上では遺伝と環境に分けられるが，生物が生きるという現実をそのような要素に分けることはできない。このようなことから，「遺伝か環境か」という設問そのものに問題があり，その回答とされてきた「遺伝も環境も」という輻輳説も，要素主義をもとにしていることから，意味があるとはいえない。

Ⅱ-2 エクササイズ
（教育の原則を考える事例）

事 例

名前：O　　性別：男　　年齢：23歳（大学生）　　障害：先天性四肢切断

家族

父親 ┐
　　　├─ 本人
母親 ┘

O自身の手記からの抜粋

　——五体満足でさえいてくれれば，どんな子でもいい。——
　これから生まれてくる子どもに対して，親が馳せる思いはさまざまだろうが最低限の条件として，上のような言葉をよく耳にする。
　だが，ぼくは五体不満足な子として生まれた。不満足どころか，五体のうち四体までがない。そう考えると，ぼくは最低条件すら満たすことのできなかった，親不孝息子ということになる。
　だが，その見方も正しくはないようだ。両親は，ぼくが障害者として生まれたことで，嘆き悲しむようなこともなかったし，どんな子を育てるにしても苦労はつきものと，意にも介さないようすだった。何より，ぼく自身が毎日の生活を楽しんでいる。多くの友人に囲まれ，車椅子とともに飛び歩く今の生活に，何一つ不満はない。
　胎児診断，もしくは出生前診断とよばれるものがある。文字通り，母親の胎内にいる子どもの検査をするというものだが，この時，子どもの障害があると分かると，ほとんどの場合が中絶を希望するという。ある意味，仕方のない事かもしれない。障害者とほとんど接点を持たずに過ごしてきた人が，突然，「あなたのお子さんは障害者です」という宣告を受けたら，やはり育てていく勇気や自信はないだろう。
　だからこそ，声を大にして言いたい。「障害を持っていても，ぼくは毎日が楽しいよ」。健常者として生まれても，ふさぎこんだ暗い人生を送る人もいる。そうかと思えば，手も足もないのに，毎日，ノー天気に生きている人間もいる。関係ないのだ，障害なんて。
（出所：乙武洋匡『五体不満足』1998年，講談社）

課 題

（1）資料から，Ｏは障害者である自分をどのように受け取っているか。

（2）この本を読んで，そこに書かれているＯ誕生時の母子初対面の際の母親の態度と，上記のＯの受け取り方とがどのように関係しているかを考える。

（3）そこから得られた事柄をさらに一般化し，親子関係・教師生徒関係あるいは保育者子ども関係などの人間関係において，大人側に求められる子どもに対する基本的に必要な態度（教育あるいは子育ての原点）とはどのようなものかを考える。

回答例

（1）Ｏは障害者である自分をどのように受け取っているか

Ｏは障害者である自分を「肯定的」に受け止めているといえる。あるいは，「受容的に」「あるがままに」「ごく自然に」「違和感を持たずに」などと言い表すこともできる。

（2）母子初対面の際の母親の態度と（1）の回答はどのような関係にあるか

この課題を考える手掛かりとして，資料の記述「五体満足でさえいてくれればどんな子でもいい」というなかに，親になる者の重要な心理が述べられている。それは，生まれてくる子に対して親は何らかの条件を求めるということである。一般にいろいろと条件を求めるだろうが，最低でも五体満足という条件を求めるというのである。本のなかの母子初対面の記録に「母が初めて抱いた感情は喜びだった」とある。これは，Ｏの母親は一般の親が求める最低の条件さえももたなかったことを意味する。無条件で子どもを受け入れたから，五体不満足でも喜びの母子初対面になったと考えられる。この子どもへの無条件の肯定が，Ｏの自己肯定感を育んだと考えられる。

（3）養育あるいは子育ての原点

親は一般に子どものあり方について何らかの要求をもち，その条件を満たせばほめたりかわいがったりする。すなわち「条件付きの肯定」である。独力では生きられない子どもは親から肯定されるための条件を敏感に感じ取り，それをかなえて自分の存在を保証してもらおうとする。たまたまそれを満たすこと

ができた子どもは幸運にも自己肯定感をもてるが、そうでない子どもは自己否定的になる。そこから生まれる自己否定感が単なる劣等感よりも深刻なのは、「自分は価値のない人間である」「自分はじゃまな存在である」などという否定的自己像をもってしまうからである。このような否定的自己像を子どもがもたないようにするためにも、「あるがままの子どもを肯定する」こと、「無条件で子どもを肯定すること」が教育（子育て）の原点であり理想である。

追加課題・しつけなくてもよいのか？

このように教育のあり方の回答例に対して、「それではしつけをしなくてもよいのか」、あるいは「放任ではないのか」という反論が出る。この疑問に答える際のよい例が、言語の習得である。子どもはその保護してくれる大人と生活を共にしている。生活を共にするというだけで、大人と同じ言語を話すようになる。また共に暮らす大人に合わせ、その方言や丁寧語を学び、他人とのコミュニケーションの方法・内容も学ぶ。そしてものの見方や考え方もことばをとおして学ぶ。しつけもこれと同じで、共に生活するだけで、人は人間関係を学ぶのである。あえて意識的にしつけを行わなくとも、人はその所属する集団で生きていくのに必要な文化を、道徳・礼儀作法なども含めて学習し、その家族の一員となり地域住民となり、国民となるのである。

Ⅲ-2　再定義

しつけの再定義

文献に見るしつけの定義

日常語でもあり心理学用語でもあるしつけを、心理学辞典では次のように定義している。

「基本的生活習慣の形成、親の養育態度、子どもの社会化・文化化、特に

社会性・道徳性の訓練などの問題に関係する。しつけの方法に関する多くの研究は、（1）一つ一つのしつけ上の技術・手法よりは、その背景となっている親の子どもに対する態度が重要な意味をもつこと、（2）態度の好ましい方向としては『あたたかさ』がとくに大切なこと、（3）称賛や理性に訴える愛情指向的なしつけは、罰や叱責に訴える権力行使的なしつけより望ましいが、無視や拒否による愛情指向的なしつけの消極的な使用は有害なことを見いだしている」（『心理学辞典』1981年，誠信書房）

「大人から子どもに対してなされる，その社会で必要な習慣的行動やものの考え方などについての指導や訓練を，一般にしつけという。社会化とほぼ同義に使用されることもあるが，社会化が無意図的なものも含めて社会との相互作用をとおしてなされる子どもの発達の過程全般をさしているのに対して，しつけは意図的な指導・訓練をさすことが多い」（『心理学辞典』1999年，有斐閣）

しつけは子どもの社会化に当然必要なものとして記述され，子どもの側の無意図的な社会化（同一視や模倣）が存在することを述べながらも，しつけは大人による意図的な指導・訓練であることを明確にしている。その意義は疑う余地がなく，問題はそのしつけの方法であるとして、「しつけの方法に関する研究」が紹介されている。

善悪を教えればそのとおり行動するか

教育の専門家か非専門家かを問わず、子どもには善悪のけじめを教えなければならないと一般に信じられており、実際に家庭でも保育園でも学校でも「人の物をとってはいけません」「人を叩くことは悪いことです」とことばで、ときには罰をもって教えられる。そしてこのような人間関係や社会生活に関する基本的な知識を教えることは「しつけ」とよばれている。このような善悪の知識を教えるしつけの前提には、ことの善悪の判断ができれば道徳的に行動できるはずであるという前提がある。学校教育などに見られるこのような前提は、道徳教育を教科書で教えたり、盗みをする子どもについての教師による記録に「この子は善悪の判断がつかない」という評価が書かれることからもいえる。

アメリカの神経生理学者アントニオ・ダマジオ（A.R. Damasio）は、多くの

患者の行動観察から、事故や手術などで情動をつかさどる中枢神経に損傷を受けると、感情が希薄になり行動の選択が困難になることを明らかにした。すなわち、たとえ理性的な思考力や道徳的な知識があっても、感情が損なわれたために行動を選択することができないのである。このことが示しているように、理性は行動可能な選択肢を並べることはできるが、そのなかから行動を選ぶのは感情なのである。このダマジオの仮説は、私たちの喫煙や飲酒の習慣などの日常生活を振り返っても、理解できる。ことの善悪を知っていても、実際にどのような行動をとるかは感情により選択されるのである。

しつけを再定義する

　しつけは大人が社会通念や自分の価値観にもとづいて、意図的に子どもを枠づけすることである。意図的なので、その方法は注意・説得・説教・叱責、さらに罰などの形をとる。これらの方法による子どもの指導は、指導される子どもに対しその存在を何らかの形で否定する結果になる。伝統的なしつけ概念のもとでは、大人はもはや無条件で子どもの存在を肯定できなくなる。子どもに条件を出し、それに応えれば肯定し、応えなければ否定するという子どもへの関わりを当然のこととする社会が到来し、子どもは自分のあるがままの生き方を許されなくなった。

　大人は一般に、子どもにはことの善悪を教えなければならないと信じており、実際に家庭・保育園・学校では「人の物をとってはいけません」「人を叩くことは悪いことです」などと、ことばで、ときには罰をもって教える。このような人間関係や社会生活に関する基本的な知識を教えることは「しつけ」とよばれる。このような善悪の知識を教えるしつけの前提には、ことの善悪の判断ができれば道徳的に行動できるはずであるという前提がある。

　しかし近年の神経生理学的な研究により、「たとえ理性的な思考力や道徳的な知識があっても、感情がなければ行動選択をすることができない。理性は行動の可能性の選択肢を並べることはできるが、そのなかから行動を選ぶのは感情である」ということが明らかになった。ことの善悪を知っていても、実際にどのような行動をとるかは感情により選択されるのである。

　本来子どもは、共に生活する大人に同一化し模倣し社会化していく。大人があえてしつけとして知識を教えなくとも、両親の日常の生活を模倣したり、親の自分に対する関わり方に見習うという形で人間関係のあり方を学習してい

く。すなわち子どもの社会化は，共に生活する大人が子どもの存在を喜び，子どもの喜怒哀楽を共有することにより愛着関係を形成すれば，子どもはその親に同一化していく。この愛着関係のもとで大人が意図しなくとも，子どもは大人の行動様式を引き継いでいく。

16 カンファレンス（事例検討）

I 研究法

カンファレンス（事例検討）
- ①アセスメント（分析的方法）
- ②行動の理解（了解的方法）
- ③対策（直し cure と癒し care）

研究者の自己点検を要す

分析的方法によるアセスメント

　事例検討において情報を整理するために，まず教育環境とその子どもの精神健康のアセスメントが必要になる。教育環境のアセスメント（評価）とは，①親がどのような条件を子どもに求めているか，②その子どもの存在を否定する関わりは見られないか，③教師などの大人がその子どもの主体的な生き方を抑えるような関わりをしていないかなどの分析である。また精神健康のアセスメントとは，①心身の発達の遅れ（医療でいう発達障害，教育でいう学習障害）はないか，②自己否定感を示す言動はないか，③神経症の症状はないかなどを分析することである。

　この他にもアセスメントの視点はいくつもあり，たとえば学業成績や知能検査の結果などをもとに，対象の子どもの知的側面の能力を分析する視点もある。幼児期からの生育歴をもとに，何らかの障害を分析する視点もある。家族構成や親の育児態度をもとに，現在の行動を形成した過程を分析する視点もある。あるいは，非行ならそれは偶発的なものか常態化しているかという視点からの

分析もあり，強迫神経症か不安神経症などという精神医学的な視点からの分析もある。これらのアセスメントはいずれも子どもを知ることではあるが，次に述べる了解的方法を欠くならば，研究者による「外からの理解」にとどまる。

了解的方法による行動の理解

　特に教育に関わる事例検討においては，なぜ子どもがそのような行動をとるのかを理解することが重要である。そのためには，子どもの成長・発達あるいは問題行動に関する仮説を必要とする。

　たとえば子どもの家出は「親の監護に服しない行為」という反抗心の現れとして理解され，児童福祉の領域でも虞犯という非行の一つとされてきた。しかし一人では生きていけない子どもが自ら衣食住を放棄するという家出の陰には，「存在の肯定・主体性の尊重」が失われている家庭生活を仮定することができる。すなわち「子どもの心身に対する親の長期にわたる虐待に耐えきれず親元から逃避するため」という理解に立てば，たとえば氷点下の冬の夜を飲まず食わずで納屋で過ごすという子どもの行動を了解できる。

　家出を非行ととらえるか虐待からの逃避ととらえるかの違いは，研究者の考え方による。伝統的な心理学は因果関係による説明を科学的であるとし，その原因を行為者の性格や生育環境に求めて要因（要素）を探してきた。同時に心理学の研究方法論において研究者自身の立場を問うことがなかった。そのため「家出は悪い」「盗みは悪い」，そしてつい最近まで「学校を休むのは悪い」というような社会通念に，研究者は支配され，そういう悪いことをする者の人格や家庭には何らかの欠陥があるはずであるとして，たとえば親の監護に服しない性格や善悪の判断に関する能力の欠如，子どもの行動に関心が薄い親の養育態度などが要因（要素）として抽出された。

　しかし，生きた人間の行動の理解には，自然科学とは異なった了解による方法を必要とする。すなわち「行為者に感情移入しながら追体験する」という了解的方法をとおして，たとえば盗む子どもの「悪いとは知りつつ盗まざるをえない気持ち」，不登校の子どもの「行きたいけれど行けない気持ち」などの苦悩を読み取る方法である。さらに行動の理解のためには研究者が社会通念にとらわれないことが前提条件であり，そのための自己点検が求められる。

キュア (cure) とケア (care)

事例検討は，子どもの示す問題行動を深く理解し，どう対処していったらよいかの指針を得るための，助言者を交えた検討の場である。そのとき，その行動を「直（治）そう・止めさせよう」とする関わりをキュア（cure）といい，そのような問題を抱えている子どもの心を癒すための関わりをケア（care）という。この概念は看護学の領域で，従来のキュア中心の看護技術を反省し，病める人間への看護のあり方を示すために明確にされてきた。日常の家庭での育児のなかで例をあげれば，子どもが転んで膝をけがしたとき，消毒をして包帯をするのがキュアであり，「痛かったでしょう」と言って抱きしめるのがケアである。伝統的な教育では「走るなって言ったでしょう！」とか「強い子は泣かない！」など，泣かせまいとする関わり（キュア）がとられ，癒しがなかった。キュアは過去のこと（たとえば走るなと注意したこと）や未来のこと（泣かないようにする）に関心が向けられるのに対し，ケアは「今ここで」の子どもの気持ちに焦点を合わせることであり，「内からの理解」である。この違いを教室でことばを話さない子と計算の苦手な子を例に示せば，下の表のとおりである。

【キュアとケアの比較】

	ケア care	キュア cure
教室でことばを話さない子（場面緘黙）	「話さなくともあなたの気持ちはわかるから大丈夫だ」と言って子どもの表情・態度から気持ちを読み取る	「ことばで言わないとわからない，はっきり言いなさい」などの指導，または話ができるようにするための訓練
計算の苦手な子	「できるところまででいいんだよ」「ゆっくり計算していいんだよ」などのことばかけ	「こんな計算もできないと笑われるよ」などのことばかけ，一定時間の家庭学習の要求など

子どもの問題行動のなかには，先にあげた場面緘黙のようにケアだけでも改善されるものも多く，逆にキュアがかえって問題行動を悪化させることもある。子どもの行動の問題はキュアだけで解決されるものは少ないが，現実にはキュアのみがとられてきた。そのような教育におけるキュア中心の指導の実際を，盗みを例に示すと次のとおりである。(カンファレンスにおける担任の記録より)

【キュア中心の指導例】

〔本人になされてきた指導〕
①問題行動があったときは，事の経緯を把握し反省を促してきた。場合によっては家庭連絡をしてきた。
②現在は私と一緒に部活の場所まで行き部活をさぼらないようにしている。そして部活動終了時刻に母親が迎えに来ることにしている。(盗みの機会を与えないため)

カンファレンスの利点とコンサルテーション

カンファレンスを実践することにより，

①事例担当者の独断的な指導を避けることができる
②事例を共有することにより担当者の負担を軽減する
③学校全体の教師の資質を向上させる
④子どもを相談機関などに通わせないで日常の学校生活のなかで指導できる
⑤学校外から助言者を依頼することにより学校・学級の閉鎖性を打破する
⑥学校外から迎える助言者も学校の現実を理解できる

などの利点がある。特に医療や福祉などの教育以外の領域からの助言者の参加は，教師とは異なった視点で多様な人間理解を可能にする。その利点を生かすため，参加者相互の研究よりも高い専門性をもつ助言者によるスーパービジョンに力点をおいたカンファレンスを，特にコンサルテーションという。

報告書記載事項と参加者の倫理

事例報告書の記載事項は事例の内容により異なるが，基本的に必要な事項は下に示すとおりである。参考資料として対象の子どもの指導記録・絵画・作文・ノートなどが重要な理解の手掛かりとなる。参加者全員に会合で知り得た事柄についての守秘義務がある。また事例提供者が挫折感をもったり教師としての意欲を喪失しないよう，助言者や参加者は援助的に発言しなければならない。

【事例報告書の記載事項】
　①名前（イニシャルまたは仮名で表記）
　②性別・年齢（学年）
　③生育歴（出生期・乳児期・学童期・健康状態・精神状態）
　④家族の構成（人間関係も含めて）
　⑤事例提供者が問題と感じる事柄（いわゆる問題行動・親の主訴）
　⑥いわゆる「問題行動」の時間的な経過（日時・場所・回数・具体的状況）

II-1　エクササイズ
（優等生の突然の不登校の事例）

【事例】

名前：A　　性別：女　　年齢(学年)：9歳(小3)　　事例提出者：学級担任

問題行動：不登校：小学校3年生の10月より突然休み始め，その後断続的に登校。

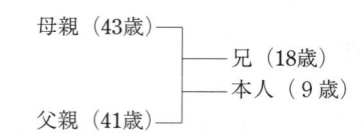

家族構成	母親（43歳）─┬─ 兄（18歳） 　　　　　　　├─ 本人（9歳） 父親（41歳）─┘
不登校開始の頃の担任の記録	11月19日　全校集会で絵の表彰を受けたが，返事が小さいことで教頭先生に注意を受ける。 11月22日　理科の実験の班活動で，手を出さず見てばかりいるので担任が注意をする。 11月25日　給食の時間，偏食が多いので他の子も含め数人を担任が注意をする。 11月26日　風邪で欠席との連絡があった。（じつは登校をしぶったためであった。） 11月27日　朝，母親と一緒に職員室の前の廊下にいる。自分で教室に入れないのでとのことだったので，声をかけながら教室へ連れていく。その後は元気に過ごした。 11月28日　今日も母親と車で登校するが，車のなかで泣きしぶっているところに出くわす。なだめたりしたが泣き止まず，母親が無理に降ろそうとするが激しく抵抗する。 11月29日　欠席であった。夕方家庭訪問をする。帰り際に明朝迎えに行く約束をする。 11月30日　朝迎えに行くと，ランドセルが玄関に置いてあった。「さっきまで行くと言っていたんですが，急にお腹が痛いと言いコタツにもぐってしまった」とのこと。

課題

次の追加資料も参考に，

（1）この事例の家庭の教育的な環境（たとえば過保護などと），Aの不登校前の精神的健康（たとえば非社交的などと）のアセスメントをする。

（2）なぜ不登校となったかを考える。

（3）「なぜ不登校になったか」の回答をもとに，子どもまたはその親への対応を考える。

〔追加資料〕
①家庭環境・家庭生活
　Aの住んでいるのは地方の城下町で，居住している地域は，先祖代々住み続

けてきた閑静な住宅地である。広い屋敷のなかの，祖父母の住む母屋とは別に新築した家に，Aは両親と兄の4人で暮らしている。祖父と父親でその町では大きな会社を経営し，経済的にはかなり恵まれている。両親とも高学歴であるが，共に子どもたちの勉強にはとやかく言わず，その自主性に任せている。その他の家庭生活における親子の交流は，常に物静かな会話で，家族間で言い争うようなことはない。特に母親は，子どもたちに細やかな気配りをする人であり，父親も強制したり叱ったりということはない。

家庭では，年の差のある兄と同じように自分のことは自分でやるようにさせてきたためか，宿題も自分からする。きれい好きで，部屋は常に整理整頓してある。外で遊ぶよりも，自分の部屋で静かに本を読むか好きな絵を描いて過ごす。外出はピアノのレッスンぐらいで，寄り道もしないで真っ直ぐ家に戻る。友達との電話も，自分からかけることはなく，友達が宿題や提出物を聞いてくることが多い。

② 学校生活

学校生活では，真面目で友達とはだれとでも公平に付き合うが，自分から交流を求めたり特に親しい仲間をつくることはない。書道・作文・絵などの展示会で何度か表彰されている。学業成績は，体育以外はすべて5段階評価で5の評価である。今回の不登校までは何も問題のない，むしろ優等生であった。また，クラスのなかにいじめの問題はそれまでにもなかったし，Aの不登校との関連で調べてみたが，そのような様子は見当たらなかった。

③ 不登校後の生活

Aの休みはじめの頃は，前日に「明日は学校に行く」と言って，教科書の準備などをするが，いざ登校の時間になると頭痛や腹痛を訴え，本当に苦しそうにする。しかし，登校時間をすぎると，身体の不調を訴えることはなくなる。最初の頃，かかりつけの小児科に受診したが，自律神経失調症と言われた。不登校以来外出をいやがり，それまで行っていたピアノ教室も，母親との買い物も行っていない。

両親はAに対し不登校の理由をそれとなく聴く程度で，登校を催促するような言動はとっていない。Aも不登校の話になると黙って涙を流すだけなので，親はなるべく学校の話題にはふれないようにしている。

回答例

不登校事例のアセスメントは，学校や集団を絶対視している場合と，学校的価値観にとらわれない場合では異なる。前者には「不登校は問題である」という判断があり，その判断に合わせるように追加資料からの情報を「不登校の原因」として否定的に意味づける傾向がある（下記の回答１）。すなわち「子どもの自主性に任せる」ことも「争いがない」ことも問題にしてしまう。叱ったり強制したりしない親の関わりも，「過保護である」として問題にする。このような論法は，特に不登校が問題になり始めた1970年代には公的な相談機関でも一般的に見られ，子どももその親も共に問題だとして「直しなさい」と指導された。

客観的なアセスメントをするために，不登校を中立的に見てこの家族とＡに関する資料を読むと，落ち着きのある静かな家庭の雰囲気と細やかな子どもへの関わり，そのなかで育った穏やかな性格のＡの姿が見えてくる（下記の回答２）。教師の求めのとおり学校に合わせ「大きな声」を出し「行動的にふるまう」ように今のＡのあり方を変えられないし，かといって学校を休むことはＡにとって罪悪感となる。その葛藤から「登校の時間になると頭痛や腹痛を訴え，本当に苦しそうにする」という不登校の二次反応を示している。実際の学生によるエクササイズの回答を，不登校を否定的に見ている場合と不登校にとらわれないで（中立的に）見ている場合に分けて示すと，次のとおりである。

		回答１.不登校を否定的に見る	回答２.不登校を中立的に見る
アセスメント	環境	・自主性に任せるのがプレッシャー ・会話も少なく争いがないのが問題 ・過保護（叱ったり強制しない）	・静かな雰囲気の家庭 ・穏やかな人間関係
	健康	・叱られることに慣れていない ・偏食が多い ・非社交的（読書や絵だけで外出しない） ・自主性がない（実験で手を出さない）	・自分なりの世界をもつ ・作文で表彰されるだけの表現力がある ・穏やかな人柄

なぜか	・注意されただけで傷ついた ・優等生としてのプライドが傷つけられた ・叱られることへの免疫不足	・Aらしさをもったままの学校生活が認められないという指導のあり方
対応	・保健室登校や午前中のみの登校などから徐々に慣らしていく。(キュアがあるのみ)	・登校刺激を避け二次反応から開放する。(ケア中心の対応)

Ⅲ-1 再定義

集団の再定義

文献に見る集団の定義

最新の心理学辞典には、次のように記載されている。

「二人以上の人々によって形成される集合体で、①その人々の間で持続的に相互作用が行われ、②規範の形成が見られ、③成員に共通の目標とその目標達成のための協力関係が存在し、④地位や役割の分化とともに全体が統合されており、⑤外部との境界が意識され、⑥われわれ感情や集団への愛着が存在する、といった諸特性を有する時に集団と見なされる」(『心理学辞典』1999年, 有斐閣)

この記載の「協力関係が存在し」「全体が統合され」「われわれ感情や集団への愛着が存在する」などの表現から、集団は意義あるものとしてのみ記述されている。次の例はさらに、この集団の意義のみを強調している記述である。

「集団は人びとに集団所属の欲求を満たし安定の源泉になる。また、集団規範への同調を促す集団圧力は、成員に行動様式の斉一性や行動改善を促す。集団化がすすむと学習集団や生活集団としての集団の教育機能が向上し、集

団思考が深まり自主的な集団決定がなされ集団学習や集団活動の効果がある。あるいは集団療法の場合のように集団は治療効果をもたらすなど，種々の機能や役割を果たしている」(『教育・臨床心理学中辞典』1990年，北大路書房)

 ここでも「安定の源泉」「行動改善を促す」「集団活動の効果がある」「種々の機能や役割を果たしている」などと，「集団はよいもの」として記述されている。特に個人の判断を集団に合わせるように作用する集団圧力さえも，「行動様式の斉一性や行動改善を促す」と表現されており，集団絶対視の立場での記述である。以上のように辞書のなかの集団の記載は，「集団はよいもの」という暗黙の前提のもとに書かれており，集団と個人の行動の関係を客観的・中立的に見ているとはいえない。したがって集団圧力のもとで個人の自由な発想や行動が制限されるという事実，個人なら行わない残虐な行為も集団のなかでは理性を喪失し実行することもあるという集団の危険性・非人間性は，記述されていない。

教育心理学書に見る集団の記載

 辞書に見られる「集団は意義あるもの・よいもの」という集団中心主義の前提は，教育心理学書ではより一層明らかになる。たとえば「学級集団を子どもの準拠集団としてとらえるとき，現在大きな社会問題となっているいじめや登校拒否も，学級集団の質の変化にその原因の一端があるのかもしれない。質の変化をもたらした背景には，人間関係の希薄さが指摘されている」(寺田　晃編著『教育心理学要説』1993年，中央法規)とある。ここでは，いじめや登校拒否も集団自体がはらむ人間疎外の現れと見ないで，集団そのものの問題ではなく，その変化は人間関係の希薄化が問題であるという。しかし，軍隊などの集団に典型的に見られるように，特に人為的に編成された集団（公式集団）には，いじめは一般的な現象なのである。

現実の学校教育に見られる集団教育

 教員養成にたずさわるある大学教員は，新聞紙上で次のように述べている。

「学校というのは集団教育の場であって,個々人の心のひだをとらえることも大切であるが,全体的な共同生活の中で生徒たちが切磋琢磨していく。そういう共同生活の場としての学校の役割がほとんど強調されていない」(『緊急インタビュー13歳の暴発を考える』読売新聞栃木版,1998年2月7日付)

　この大学教員のことばのように,学校における集団行動や共同生活というものは,人として当然従うべきものであり,それを子どもに求めることは疑問の余地のない教育の一環であるとされてきた。現実に学校の教育においても,集団への同調は厳しく求められる。ある小学校の校長は,「皆と同じことを同じようにやってくれればそれでいい」と,学校では何も話をせず行動も遅れがちな子ども（緘黙児）の保護者に言ったという事実がある。学校の備品を壊したものが名乗り出ないと,犯人が名乗り出るまでクラス全員を放課後も残すというような,連帯責任を求める事実もある。先の大学教員のいう「共同生活の中で生徒たちが切磋琢磨していく」ことの実践と思われる成績の序列化や班競争を,ほとんどの日本人が経験している。そのような学校生活のなかでは,級友は競争相手であり,相互にケアし合う対象ではなくなっている。

集団を再定義する

　何らかの関係性をもつ3人以上の人の集まりを集団という。特に人間の発達過程で現れる,居住する地域の,遊びを中心とする子どもたちの集団を**徒党集団**（ギャンググループ）という。この集団は子どもの世界の自然発生的な現象で,異なる性格・年齢の子どもからなる多様性と,参加脱退が自由な開放性,子ども自らの意思で活動する主体性をもち,**非公式集団**（informal group）とよばれる。子どもはこのような非公式集団のなかで,競走と協調,主張と妥協,対立と和解,服従と統率,援助することとされることという人間関係の基本を体験しながら社会化していく。
　このような非公式集団に対し,子どもの場合なら,学級のように大人により編成された人為的な集団を**公式集団**（formal group）という。この人為的集団は当然のことながらそれを編成した者の意思で運営されるため,その成員の主体的行動は制限される。特に学級は,教師により集団内・集団間の競争,成員による連帯責任,成員間の同一行動が求められるのが一般的である。公式集団

の編成者は，成員が離脱や逸脱をしないようにそれを維持しなければならず，学級の場合，教師は権力的になりやすい。このような大人からの統制と指示が強くなるにしたがって，子どもは活気・主体性・理性を失い，リーダー（教師）に同調し，リーダーになりかわったような代理状態におちいる。その結果，教師の目から見て低く評価されるような子どもに対して攻撃的な行動がとられることもある。そこで学級を子どもの発達の場にするためには，子どもの自治を認め，非公式集団に近づけなければならない。

II - 2　エクササイズ（盗みの事例）

事　例

| 名前：L　　性別：男　　年齢(学年)：12(小6)　　事例提出者：学級担任 |

問題行動

学校内での盗み

家族構成

母親（41歳）┐
　　　　　　├─ 本人
　　　　　　├─ 弟（小学校1年生）
父親（45歳）┘

問題行動

〔担任の記録〕
4月9日　同級生の推薦により，Lが学級代表（学級委員）となる。
5月17日　2人の先生方の週案と，我が学級の算数の指導書が紛失する。
5月21日　家庭科室の冷蔵庫のなかのジュースが飲まれる事件が発生する。
5月23日　会議室のフロッピーディスクが紛失する。
5月24日　職員会議で盗難事件について対策を検討する。その話のなかで，他の先生方の出席簿・文具類・集金なども紛失していたことが判明する。Lは2年のとき，先生方の文具を盗む事件を起こしているので，一応マークすることになる。
6月30日　土曜日の午後，代表委員会の活動中，Lが他の教室を物色中，日直の先生に現場を発見され，代表委員会の先生に尋問される。

〔代表委員会係の教諭の話〕
最初は「自分の筆入れをなくしたのでさがしていた」などと答える。「なぜここによばれたかわかるか」とたずねると「わからない」と答える。その後，児童会での活躍のこと，本人を信頼していることなどを諭されて，本人は今までの盗難事件の概要の説明をする。「どうしたらよいか」と面接担当がたずねると沈黙する。さらに心情に訴えられ，「盗んだものを持ってこられるか」とたずねるとうなずき，自宅に戻る。10分後，本人より電話で「今日は家族で出かけるので，学校に行けない」と言う。

課 題

次の追加資料をもとに，次の3点について考える。
（1）学校の教師のLの盗みに対する関わり方（対処の仕方）の基本姿勢について，資料から読み取る。
（2）教育相談所は原因追求的であるが，その際Lの人物（人格）に対する見方（まなざし）が，追加資料②の学校への報告から読み取る。
（3）子どもの問題とされる行動，特に盗みに対し，その子どもに教師としてどのような対応が必要かをなるべくたくさん考える。

〔追加資料〕
①代表委員会係教諭のその後の記録

7月17日　担任はLと面談し，自分の部屋を整理し，盗んだものを持ってくるように指示する。

7月18日　文具類を持ってくる。「これで全部か」とたずねると「全部です」と答える。盗んだ週案や出席簿に几帳面に記入し，教員のまね事をしていた。学校の先生になりたいようだ。

7月24日　友人宅でのパーティーで卓上の財布を盗んだという連絡が，その友人の母親よりある。本人をよび問いただすと，最初はとぼけていた。「先生が何とかしてやるから」というと，盗んだことを認める。「わかっているが気がつくと盗んでいた」と言う。学校で友人の母親と会い財布を返す。その母親は，「辛いのはあなただけではないのよ」と言って泣きながら励ます。本人も泣きながらうなずく。

7月28日　本人をよび「一緒に君の部屋を整理整頓しよう」と言って，本人宅

に行く。文具類や図書が出てくる。「まだないか」と言うと，袋に入れた財布や通帳を出し，親戚宅・友人宅などより盗んだことを白状する。

②相談機関の説明

Lの盗みの問題で，校長・児童指導主任・両親・および担任で対策を話し合い，そのなかで教育相談所の専門家に相談するということになる。父親と母親が交代で，Lを連れてT教育相談所へ週に1回の割で通い，指導を受けた。数ヵ月後に，担任はT教育相談所の相談員から，次のようなLについての報告を受けた。

「単なる後天的な親子関係とか生育の問題というよりも生まれつきの性格の偏りが見られる。知能検査の結果，能力のばらつきが見られる。学習障害に似た性格の偏りがある。本人なりのストレスがあり，被害者意識がある。3歳の頃，ことばの遅れがあった。満たされないときに問題行動を起こす可能性がある。自己表現を上手にできない社交性に欠ける母親である。

教育相談所では，本人の心の安定を図り，親に対し子どもへの関わり方を指導する。学校では，人間関係について，その方法をアドバイスすること，本人の特技や興味を活かしてやること」

回答例

（1）Lの盗みに対する教師の基本姿勢

Lに対しケアするという発想はまったくなく，「取り調べて事実を追求する」という大人社会の警察と同じような関わり方である。それは次のような記録からいえるだろう。

- 代表委員会の先生に尋問される
- 「盗んだものを持ってこられるか」とたずねる
- 盗んだものを持ってくるように指示する
- 「これで全部か」とたずねる
- 「一緒に君の部屋を整理整頓しよう」と言って本人宅に行く
- 「まだないか」と言う

（2）Lの人物像（人格）に対する教育相談所の見方（まなざし）

教師の対応と同様にケアはない。Lが盗みをしたということはその人格に何か問題があるにちがいないという見方をしている。そのためLの特徴を盗みと関連づけて，「問題点」として解釈する。それは次のような記録から読み取ることができる。

　　・生まれつきの性格の偏りが見られる
　　・能力のばらつきが見られる
　　・学習障害に似た性格の偏りがある
　　・被害者意識がある
　　・3歳の頃，ことばの遅れがあった

このような問題点探しは，子どもだけではなく家族にも及ぶことがあり，次の母親についての記載はその例である。

　　・自己表現を上手にできない社交性に欠ける母親である

（3）その子どもに教師としてどのような対応が考えられるか（学生の実際の回答より）

ケアについて学んだ後なので，Tの事例に見るような取り調べを対応として答える者は少ない。しかし，最初はケアをする関わりでも，最後にはキュアになるという次のような回答が多い。

〔学生Aの回答〕
「どうして盗みをしたか」を追求するのではなく，最初は盗みに視点をおかないで，悩みなどの相談にのってあげる。次第に盗みという行動と話をつなげ，してはいけないこととして注意をしていくことも大切。

〔学生Bの回答〕
家族や友人との人間関係についての問題や悩みを聞いて，相談にのってから，自分から盗みについて打ち明ける場にしていく。ストレスがあるとわかれば，その発散法を一緒に考えてあげたりアドバイスしてあげたりする。

Ⅲ-2　再定義

教育相談の再定義

文献に見る教育相談の定義

辞典の定義の一つは，文部省の定義を受けた次のようなものである。

　「広義には，一人一人の子どもの教育上の諸問題について，助言・指導することを意味する。いいかえれば個人のもつ悩みや困難を解決してやることにより，その生活によく適応させ，人格成長への援助を図ろうとするもの（文部省，1975年）。狭義には，学校外の専門機関で児童・生徒の修学上・適応上の問題などを解決するため，臨床心理学やカウンセリングなどの科学的な理論・方法にもとづいて，専門家が相談・治療を行うこと」（『教育・臨床心理学中辞典』1990年，北大路書房）

この定義の記載のなかの「助言・指導する」「悩みや困難を解決してやる」「適応させる」「治療を行う」などの記述から，伝統的な教育相談における相談員と子どもの関係が明らかになる。それは「助言・指導する者とされる者」「適応させる者としていない者」「人格成長を図る者とそれをしていない者」「専門家と治療を必要とする者」という関係である。このような関係のもとでは，相談員・専門家が相談を受ける子どもへ注ぐまなざしは，意識的には善意でも基本的には「問題の子ども」という否定的なものになる。その結果，相談場面でのことばのやりとりは，事実の調査と，「相談員が考える適応」の方向へ，相談員が意図した方向へと導く「助言・指導」となる。

教育相談の基本的な考え方

近年は次のようなカウンセリングの基本的な精神と態度が，教育相談においても必要であるということが認識されるようになってきた。①人間尊重の理念，②人間関係の重視，③あるがままの存在としての出会い，④理解することの大

切さ（共感的理解）である。これらの事柄は、いかなる子どもであっても一人の人間存在として、そのあるがままを肯定する、さらに尊重することを意味する。そのような関係においては共に語り合うことはあっても「助言・指導」する上下関係になることはない。このような、自分を肯定的に見る者の前で、子どもは安心して自分を見つめ、自己決定し、成長していく。

現実の教育相談

現職の教員50人を対象に、「不登校・校内暴力・校則違反・場面緘黙」のそれぞれにつき「もし相談員としてこれらの子どもを担当した場合、その子どもたちがどのような状態になることが最終目標か」についてアンケート調査をした。その回答を、最終目標を「子どもへの対応が、子どもをあるがままの存在として受け入れているか」という視点から、次のように3分類した。（1）社会通念や大人の価値観にもとづき、ただ問題行動をなくす関わりである（キュアのみ）。（2）問題行動をなくすだけの関わりはしないが、現在の子どものありさまに問題を感じ、必ずしも肯定的には見ていない（キュアのみではない）。（3）子どもの今のあるがままの姿を肯定し、「今ここで」の出会いを大切にする（ケア）。その結果は次のとおりである。

分類別平均人数（割合）	（1）直そう止めさせようとする（キュア）29.5/50人（59.0%）	（2）直そうとはしないが、あるがままを肯定もしない 18.3/50人（36.5%）	（3）現在のあるがままの姿を肯定する（ケア）2.3/50人（4.6%）
不登校の回答例	・再登校させる 20/50人	・学校に行けてもいけなくても、本人の成長を促す 25/50人	・不登校のままでもよいが学校とのつながりのある状態 5/50人
校内暴力の回答例	・暴力がない状態にする 38/50人	・社会的な方法（ことば）で自己表現できるようになる状態 12/50人	・他人に迷惑をかけるとは知りつつも、そうせざるをえない気持ちを聴く 0/50人

校則違反の回答例	・違反のない状態にする　36/50人	・校則（きまり）について理解できた状態　13/50人	・規則を守れない気持ちを聴く　1/50人
場面緘黙の回答例	・ことばを話す状態にする　24/50人	・ことばに限らず，相手に要求したり関わりを求めたりできる状態　23/50人	・大人の側が物言わぬ子どもの意図を読み取り応答する　3/50人

教育相談を再定義する

　伝統的に教育相談とは「教育問題に関して，カウンセラーやこれに準じる専門家が科学的に助言指導を与えること」とされ，実際に不登校をはじめとする問題をもった子どもを「指導し治療する」役割が教育相談にあると理解されている。その指導や治療というのは，「不登校は登校に」「話さない者を話すように」というように，相談員が助言したり指導したりして問題とされる行動をなくそうとするキュアである。
　しかし，このような関わりは，本来の教育相談の理念である「あるがままの存在としての出会い」と明らかに矛盾する。この理念の実践は，そうせざるを

『少年の日の思い出』の主人公 →
この話は「母は根ほり葉ほりきこうとしないで，僕にキスだけして，かまわずにおいてくれたことをうれしく思った。僕は『床にお入り』と言われた」という母親のケアで終わる。このように盗みを問題にした多くの文学作品は，人を罰しない対応を教えている。
（作画：司 修，出所：平成8年度版中学校国語科教科書『国語 ①』光村図書出版）

えない子どもの心を理解し，それを癒すケアである。たとえば物を盗む子どもに対してなら，欲しい物を親に求めることができず自力で手に入れざるをえない親子関係の悲しみをケアすることである。そのためには必ずしも専門的な知識を必要としない。むしろ治療や診断などの理論や是非善悪の判断を棚上げし，ひたすら聴き，感性で受け止めることである。一人の人間として，ただ子どもと出会い，ケアすることである。

お わ り に

　「はじめに」で述べたような教育心理学における「教育の自明性」や「機械論的人間観」という暗黙の前提を見据えながら原稿を書き進むうちに，他にも「集団はよいもの・評価は必要なもの」などの前提があって，それが教育心理学のなかにすっかり根を下ろしていることに気づきました。その結果，大人社会や学校という組織にとって不都合な行動はすべて「反・非」をつけられて，反社会的行動などとよばれるのでしょう。非行ということばは，「行いに非ず」ということであり，一方的に大人や社会の立場から見ているのです。それは科学の基本である客観的な観察だとは言えません。すでに紀元前に中国の思想家荘子は，「物にはもとより然るべきあり，可とすべきあり。物として然らざるはなく，物として可ならざるなし」（『斉物論編』「この世に存在するものにはすべてそれなりの存在理由がある（存在してはいけないものなどない）」）と説いています。「非行」を始めとして「反・不」などのつく用語を教育心理学用語として何ら疑うことなく用いていますが，客観的な観察をすれば，従来の「非行」は，本来なら「被虐待児症候群の一つ」として記述すべきでしょう。

　また，子どもに心身の罰を与えて特定の行動を制限しようとするのも，「罰」という刺激を与えれば「行動の増減」という反応が得られるはずであるという機械論的人間観の現れであることに気づきます。第15期中央教育審議会（1996年）が「21世紀を展望した我が国の教育の在り方について」を答申しました。そのなかに，「生きる力の育成を重視した学校教育の展開」という項目があります。しかし人間は，どの生物よりも生きる力をもっていたからこそ，万物の霊長になったのではないでしょうか。子どもに生きる力がないように見えるのは，それが社会のなかで阻害されてきたからだと考えられます。ところが先の答申の生きる力の「育成」は，子どもに生きる力が不足しているから外から入力するという，やはり機械論的な発想なのです。このような発想のもとに子どもにさらなる教育という名の操作が加えられるなら，子どもに本来備わっている生きる力はどうなるのでしょうか。

　心理学に限らず，科学的な研究の第一歩は，客観的な立場で対象を観察するということです。この客観的になるということは「己を捨てる」ということで

あり,「心を虚しくする」ことです。この無心あるいは虚心が認識の第一歩であることを,やはり荘子は「至人の心を用いるは鏡のごとし」と,あるがままを映し出す鏡に喩えて述べています。人間として自分なりの信念やイデオロギーをもつのは当然です。しかし学問の研究においては,それらをいったん棚上げしなければなりません。その点で従来の教育心理学は,この学問の第一歩を踏み外し,教育絶対視の立場から書かれていたようです。

　以上,科学的な研究法が守られていないことにふれましたが,その科学的方法もその本家の物理学では,唯一絶対の方法ではないということが議論されているのです。いわんや心理学では,いわゆる科学的な方法には限界があります。本書では,人間学的考察および内観・了解的方法の必要性,研究者自身の自己点検の必要性を強調し,用語の再定義を試み,新しい教育心理学の研究を提唱しました。

　最後に,本書の上梓は新曜社のご理解・ご援助の賜物であったことを著者として深く感謝しております。特に,原稿の誤字脱字の校正のみならず,私の粗削りの文章を,その真意がより正確に伝わるようにと逐一目を通し添削していただいた塩浦暲編集部長および吉田昌代様には心よりお礼申し上げます。

　　　早春

　　　　　　　　　　　　　　　　　　　　　　　　　　　　会田元明

引 用 文 献

1．辞典

中島義明他編『心理学辞典』1999年，有斐閣
外林大作他編『誠信心理学辞典』1981年，誠信書房
小林利宣他編『教育臨床心理学中辞典』1992年，北大路書房
東　洋他編『学校教育辞典』1988年，教育出版
真仁田　昭他編『学校カウンセリング辞典』1995年，金子書房
内山喜久雄監修『情緒障害辞典』1990年，誠信書房
氏原　寛他編『心理臨床大事典』1992年，培風館
加藤正明他編『新版精神医学事典』1993年，弘文堂

2．教育心理学関係書

白佐俊憲『教育心理学基本テキスト（新課程版）』1990年，川島書店
安倍北夫・古谷妙子『教育心理学入門』1985年，ブレーン出版
長尾　博『学校カウンセリング』1991年，ナカニシヤ出版

3．その他

アンリ・ファーブル（山田吉彦・林　達夫訳）『ファーブル昆虫記』1993年，岩波書店
三上直子『S‐HTP法』1995年，誠信書房
中山伊佐男他『生物　改訂版』（高校用教科書）1989年，実教出版
金田道和他『MILESTONE English Course II』（高校用教科書）1997年，啓林館
乙武洋匡『五体不満足』1998年，講談社
Ｊ．Ａ．Ｌ．シング（中野善造訳）『狼に育てられた子』1977年，福村出版
ＮＨＫ「課外授業ようこそ先輩」制作グループ編『課外授業ようこそ先輩』全10巻，1999年，ＫＴＣ中央出版

参 考 文 献

1．物の見方・考え方に関する文献

①生命観に関する文献
1．中村桂子『科学時代の子どもたち』1997年，岩波書店
2．澤瀉久敬『ライフサイエンスにおける生命観』1986年，共立出版

②人間観に関する文献
3．田中未来『教育と福祉のための人間論』1988年，川島書店

③子ども観に関する文献
4．照屋敏勝『幼児から何を学ぶべきか』1990年，新読書社
5．北本正章『子ども観の社会史』1993年，新曜社

④教育観に関する文献
6．藤田英典他『学校文化の社会学』1993年，福村出版
7．原　ひろ子『子どもの文化人類学』1979年，晶文社
8．林　竹二『教えるということ』1990年，国土社
9．アリス・ミラー（山下公子訳）『魂の殺人――親は子どもに何をしたか』1983年，新曜社
10．カール-ハインツ・マレ（小川真一訳）『冷血の教育学――だれが子どもの魂を殺したか』1995年，新曜社

2．哲学・論理学・科学方法論に関する文献

①要素主義に関する文献
11．アナトール・ラパポート（真田淑子訳）『一般意味論』1966年，誠信書房

②帰納・仮説・演繹・分析・直観に関する文献
12．中村克己『論理学・科学方法論』1952年，有斐閣
13．澤瀉久敬『哲学と科学』1967年，日本放送出版協会
14．中谷宇吉郎『科学の方法』1958年，岩波新書
15．中村雄二郎『臨床の知とは何か』1992年，岩波新書

③目的論的説明に関する文献
16．村上陽一郎『近代科学を超えて』1986年，講談社学術文庫
17．ハンス・ライヘンバッハ（市井三郎訳）『科学哲学の形成』1954年，みすず書房

④操作的定義に関する文献
18. サムエル・ハヤカワ（大久保忠利）『思考と行動における言語』1985年，岩波書店
前掲11. アナトール・ラパポート（真田淑子訳）『一般意味論』1966年，誠信書房

⑤適応概念に関する文献
19. 富田　守・真家和生『生理人類学』1994年，朝倉書店
20. 伊東　博『カウンセリング（第4版）』1995年，誠信書房
21. ジャレド・ダイアモンド（倉骨　彰訳）『銃・病原菌・鉄』2000年，草思社

3．心理学研究の方法論に関する文献

①観察の客観性に関する文献
22. 平野勝巳『生きてゆくためのサイエンス』1999年，人文書院

②観察法に関する文献
23. やまだようこ編『現場心理学の発想』1996年，新曜社
前掲13. 澤瀉久敬『哲学と科学』1967年，日本放送出版協会

③記録の方法に関する文献
24. 根津　進他『看護学生のためのＰＯＳ』1988年，日総研出版

④面接法に関する文献
25. 土居健郎『方法としての面接』1977年，医学書院

⑤教育シミュレーションに関する文献
26. 会田元明『子どもとむかいあうための教育心理学実験』1999年，ミネルヴァ書房

⑥統計学に関する文献
27. 住田幸次郎『初歩の心理・教育統計法』1988年，ナカニシヤ出版

⑦事例研究（症例研究）に関する文献
28. 宇津木　保他『フロイト・著作と思想（有斐閣選書）』1978年，有斐閣

⑧行動の理解に関する文献
前掲20. 伊東　博『カウンセリング（第4版）』1995年，誠信書房
29. 原田憲一「精神医学の方法論」（『心理臨床大事典』所収）1992年，培風館

⑨コンサルテーションに関する文献
30. 会田元明『子どもとむかいあうための教育心理学演習』1994年，ミネルヴァ書房

⑩知能の要素主義的見方に関する文献
31. 長崎　勤・本郷一夫『能力という謎』1998年，ミネルヴァ書房
32. 浜田寿美男『発達心理学再考のための序説』1993年，ミネルヴァ書房

4．学校教育に関する文献

①学校文化に関する文献
33. 武田　忠『学ぶ力をうばう教育』1997年，新曜社
34. 江川紹子他『学校を変えよう！』1999年，日本放送出版協会
35. ピーター・フランクル『ピーター流らくらく学習術』1997年，岩波ジュニア新書
36. 飯島吉晴『子どもの民俗学』1991年，新曜社
37. 佐伯　胖他『学校の再生をめざして　1　学校を問う』1992年，東京大学出版会
38. 佐伯　胖他『学校の再生をめざして　2　教室の改革』1992年，東京大学出版会
39. 佐伯　胖他『学校の再生をめざして　3　現代社会と学校』1992年，東京大学出版会

②学業不振に関する文献
40. 宮本信也『こころのクリニック』1992年，安田生命社会事業団

③教師に関する文献
41. 高橋　勝「教師の持つ権力を考える」（岩波講座現代の教育6『教師像の再構築』所収）1998年，岩波書店

④教師生徒関係に関する文献
42. カール・ロジャーズ（伊東　博訳）『人間中心の教師』1984年，岩崎学術出版社

⑤学習指導に関する文献
前掲22．平野勝巳『生きていくためのサイエンス』1999年，人文書院
43. 波多野誼余夫・稲垣佳世子『無気力の心理学』1981年，中公新書
44. 斉藤利彦『試験と競争の学校史（平凡社選書163）』1995年，平凡社

⑥学力に関する文献
45. 池上　彰『みんなの学校問題！』1999年，講談社
46. 長尾彰夫・浜田寿美夫『教育評価を考える』2000年，ミネルヴァ書房

⑦学校化に関する文献
47. フィリップ・アリエス（杉山光信・杉山恵美子訳）『子供の誕生』1980年，みすず書房
前掲44．斉藤利彦『試験と競走の学校史（平凡社選書163）』1995年，平凡社
48. イヴァン・イリッチ（東　洋・小澤周三訳）『脱学校の社会』1977年，東京創元社
49. 渡辺　位『不登校のこころ』1992年，教育史料出版会

⑧生徒指導に関する文献
前掲37．佐伯　胖他『学校の再生をめざして　1　学校を問う』1992年，東京大学出版会

50．芹沢俊介「子どもたちの危機と逸脱——分断線・限界線・権力線」(岩波講座現代の教育4『いじめと不登校』所収) 1998年, 岩波書店
⑨**評価に関する文献**
　　前掲46．浜田寿美男・長尾彰夫『教育評価を考える』2000年, ミネルヴァ書房

5．教育問題・障害児教育に関する文献

①**無条件の肯定に関する文献**
　　51．カール・ロジャーズ(村山正治訳)『人間論』1967年, 岩崎学術出版社
　　52．森田ゆり『子どもと暴力』1999年, 岩波書店
②**罰の影響に関係に関する文献**
　　53．トマス・ゴードン(近藤千恵訳)『自立心を育てるしつけ』1990年, 小学館
　　前掲52．森田ゆり『子どもと暴力』1999年, 岩波書店
　　54．荘厳舜哉『人間行動学』1994年, 福村出版
　　55．江森一郎『体罰の社会史』1989年, 新曜社
③**非行の原因論に関する文献**
　　前掲52．森田ゆり『子どもの暴力』1999年, 岩波書店
　　56．麦島文夫『非行の原因』1990年, 東京大学出版会
　　57．高原正興『社会病理学と少年非行』1996年, 法政出版
④**いじめに関する文献**
　　58．教育と医学の会編『教育と医学(特集——いじめと社会)』1997年2月号, 慶應義塾大学出版会
⑤**不登校に関する文献**
　　59．滝川一廣「不登校はどう理解されてきたか」(岩波講座現代の教育4『いじめと不登校』所収) 1998年, 岩波書店
　　60．山下英三郎『エコロジカル子ども論』1999年, 学苑社
⑥**場面緘黙に関する文献**
　　前掲40．宮本信也『こころのクリニック』1989年, 安田生命社会事業団
⑦**学級崩壊に関する文献**
　　61．教育と医学の会編『教育と医学(特集——学級崩壊)』1999年10月号, 慶應義塾大学出版会
⑧**教育相談・カウンセリングに関する文献**
　　前掲20．伊東　博『カウンセリング(第4版)』1995年, 誠信書房
　　62．渡辺　位『不登校のこころ』1992年, 教育史料出版会
　　63．小川捷之・下村泰子「カウンセリングの諸理論」(別冊『発達』13『カウンセリング入門』所収) 1992年, ミネルヴァ書房
⑨**障害児教育に関する文献**
　　64．渡部信一『鉄腕アトムと晋平君』1998年, ミネルヴァ書房

65. 福島　智「健常者との共生」（岩波講座現代の教育5『共生の教育』所収）1998年，岩波書店

⑩自閉症児に関する文献

66. 浜田寿美男『私というものの成り立ち』1992年，ミネルヴァ書房
67. 杉山登志郎『発達障害の豊かな世界』2000年，日本評論社

索　引

●あ行

アイゼンク，ハンス・J　vi, vii, 61
アセスメント　217f, 222, 224
暗黙の前提　iv
暗黙の見方　203

医学　86
育児態度　217
意識化　138
一望監視システム　104
一望監視施設としての学校　157
一致差異併用法　19
一致法　15ff
遺伝と環境　208ff
異文化観察　109f
意味づけ　100
イリッチ，イヴァン　167f
医療　182
因果関係　35, 218
因果論　33f
因子分析　56

ＷＩＳＣ式知能検査　27
内からの理解　vi, 159
ヴント，W　5, 37

ＨＴＰテスト　119f
エスノグラフィー　110
絵日記　120f
演繹　27, 203

横断的研究　201
『狼に育てられた子』　204, 207
教える　iv, 4

●か行

絵画　109
外傷体験　24, 122
カウンセリング　123, 194ff
　→指示的カウンセリング　194f
　→非指示的カウンセリング　93, 194ff
科学的分析　71
科学的方法　3ff
学業不振　30ff
学習　v
学習効率化　104
学習指導　10, 144ff
学力　149ff
学力観　150
家系調査法　208, 210
仮説　26ff, 107, 203
　→帰無仮説　190, 194
仮説的方法　25ff
仮説の検証　138
家族構成　217
価値観　4, 11, 65, 82f, 86, 100
　→学校的価値観　vii, 7, 13, 32, 83, 89, 109
価値観への絶対視　166
価値基準　104
価値自由的（没価値的）　82
学級経営学　12
学級コーディネーター　117, 146
学級集団　103ff
学級崩壊　39ff, 105
学校　155ff
学校教育法　50, 115, 131
学校制度　150
学校の価値観　vii, 7, 13, 32, 83, 89, 109
学校的能力　150
仮定　26
カテゴリー化　56, 58
関係性の問題　159
観察　43, 140
　→異文化観察　109f
　→巨視的観察　108f
　→経年観察　109
　→行動観察　107ff
　→作品観察法　120

→参加観察　108, 112
　　→自然観察　99ff
　　→資料観察　109
　　→組織的観察　107ff, 119ff
　　→特異的観察　108
　　→内面観察　107, 119ff
　　→非参加観察　110
　　→微視的観察　108
　　→普遍的観察　108f
観察記録　101, 112
観察者　99ff
　　→視点（観察者の）　43
　　→文化的な環境（観察者の）　100
　　→問題意識と敏感さ（観察者の）　99
感情　44, 46, 215
感情の意識化　52
感性　35
カンファレンス　202f, 217ff
管理教育　vii

機械論的説明　3f, 15ff, 25ff, 33f, 38ff, 71
機械論的人間観　v, vii, 7, 10, 12, 35, 81
棄却域　190
危険率　190
記号による認識　69
記述　3, 43ff, 55f, 101
　　→客観的な記録　48, 101
　　→記録の記述　50ff, 101
　　→記録の共通性・一貫性　51
　　→記録を正確にするための質問　49
　　→具体的記述　49
　　→定性的な記述　55
　　→定量的な記述　55
　　→報告書記載事項　221
記述科学　33
記述的研究　3
北本正章　iv
帰納的方法　15ff
帰無仮説　190, 194
客観性　3, 43f, 52
客観的記録　101
客観的事実　52
ギャンググループ　227
キュア（cure）　219f, 233f

究極目的　35
教育観　144f
教育シミュレーション　vi, 139, 159ff
教育心理学　iv, v, 8ff, 158
教育心理学実験　139
教育相談　232ff
教育の絶対視　iv, vii
教育の弊害　iv
教育評価　10, 175ff
共感　71
共感的理解　78
教師　105f, 115ff
教師生徒関係　11, 130ff
教授法　186
競争　10, 104, 158
共変法　15
巨視的観察　108f
記録の記述　50ff, 101
　　→観察記録　101, 112
　　→客観的な記録　48, 101
　　→記述　3, 43ff, 55f, 101
　　→記述科学　33
　　→記述的研究　3
　　→報告書記載事項　221
記録の共通性・一貫性　51
記録を正確にするための質問　49
均質化　104

具体性　3, 43, 52
具体的記述　49

ケア（care）　219f, 233, 235
経験説　208, 210
経年観察　109
ケイミン，レオン　vi, vii
ケースカンファレンス　202
結果　15, 20f
原因　15, 20f, 26
原因と結果の逆転　20f
研究
　　→横断的研究　201
　　→記述的研究　3
　　→縦断的研究　201
　　→事例研究　201

→説明的（分析的）研究　3
　　→遡及的研究　201
　　→追跡的研究　201
　　→定量的な研究　55
　　→比較研究　110
検査
　　→ＷＩＳＣ式知能検査　27
　　→個別知能検査　29
　　→社会生活能力検査　29
　　→心理検査　27, 119, 123
　　→性格検査　70
　　→知能検査　30, 63f, 67, 70
　　→聴力検査　30
検証　26f, 203
現場実験　139

公式集団　227
行動観察　107ff
行動主義心理学　35, 46
行動見本法　108
合理化　10
効率化　v, 10
誤差管理　186f
個人データ　59
『五体不満足』　211
５段階相対評価　60f
子ども観　166
個別知能検査　29
コンサルテーション　220

●さ行
サイコドラマ　160f
最頻値　58
差異法　15ff
作品観察法　120
参加観察　108, 112
散布度　58f

時間見本法　108
刺激（誘因）　4
試験群　186
自己肯定感　120
自己設定到達度評価　147
事後テスト　187, 192

自己点検　7, 13, 83, 138, 218
自己否定感　24, 88f, 120, 176
自己否定行動　7, 24, 89
指示的カウンセリング　194f
自然科学的方法　12
自然観察　99ff
事前テスト　187
しつけ　213ff
実験　137f
　　→教育心理学実験　139
　　→現場実験　139
　　→臨床実験　137ff
実験群　186
実験室的実験　159ff, 185ff
実験授業　139f
実験生徒指導　139, 152
実験評価　139, 147
実証可能性　43
質問紙法　56, 95, 119f
視点（観察者の）　43
指導法　186
指導要録　48, 50ff
社会規範　22
社会生活能力検査　29
社会通念　53, 218
尺度
　　→間隔尺度　57
　　→序数尺度　57
　　→比率尺度　57
　　→名義尺度　56, 58
従属変数　186
集団　53, 225ff
集団基準　59
集団絶対視　226
集団中心主義　vii, 83, 89, 226
集団データ　57
縦断的研究　201
自由連想法　122f
主観　4, 43f, 48, 52, 86, 101
主観的　96
主観的用語　52
授業コーディネーター　106, 117
主体性　82
守秘義務　221

樹木画　121f
循環性性格　94, 96
障害児教育　182ff
障害体験シミュレーション　180
　　→模擬障害体験　178
状況（環境）による説明　4
成就値　30
賞と罰　10, 158
少年法　22
情報収集　77, 79
剰余変数　187
資料観察　109
事例研究　201
事例検討　202, 217ff
事例分析　201ff
診断的理解　78
心的外傷体験　24
信頼関係　24, 122
心理学　86
心理学研究法　v, 71
心理劇　160f
心理検査　27, 119, 123

推論　44, 46
数学的分析　71
数値　44
数量化　55f, 69
スーパービジョン　220

生育環境　218
生育歴　29, 217
性格　94ff, 218
性格検査　70
正確性　3, 52
正規分布　59, 61, 64
正常化論　183f
精神医学的な視点　218
精神科学的方法　12
精神分析　46, 202
正当的周辺参加論　146
生得説　208, 210
生徒指導　165ff
　　→実験生徒指導　139, 152
　　→模擬生徒指導　162

生徒中心の面接　78
生徒理解　76ff
生物学　v, 86
生物観　81
生命観　81
絶対視
　　→価値感への絶対視　166
　　→教育の絶対視　iv, vii
　　→集団絶対視　226
絶対評価　61
Z得点　59f, 61
説明　3, 33
　　→機械論的説明　3f, 15ff, 25ff, 33f, 38ff, 71
　　→状況（環境）による説明　4
　　→目的論的説明　3f, 33ff
　　→了解による説明　34
科学　33
説明的（分析的）研究　3
善悪の判断を含ませた表現　52
選択的　83
選択的認識　95f
先入観　138
専門性・興味・関心（観察者の）　100

操作（的）定義　61, 66
荘子　126, 177
双生児法　208, 210
相対評価　61
遡及的研究　201
測定器具　44
組織的観察　107ff, 119ff
外からの理解　160
存在論　81, 83

●た行
対象化　203
対照群　186
対配分法　187
代表値　58
ダマジオ，アントニオ・R　214

知的側面の能力　217
知能　65ff

知能検査　30, 63f, 67, 70
中央値　58, 60
聴力検査　30
直観　70f
直観的方法　69ff, 72, 75f, 160

追跡的研究　201
通知票（日本とアメリカの）　173f

ｔ検定　190, 193
定性的な記述　55
Ｔ得点　60f
定量的な記述　55
定量的な研究　55
ディルタイ，W　37, 70
デカルト　vii
適応　87ff
哲学　5
哲学的方法　71

投影　120
投影法　120
動機づけ　v, 10, 12, 176
統計資料　109
統制群　186
統制群法　139, 185ff
道徳観　138
特異的観察　108
特性的把握　56, 95, 96
独立変数　186
度数分布図　57f
度数分布表　58
徒党集団　227

●な行……………………………………
内観　vi, 140
内面　120, 129
内面観察　107, 119ff
内面理解　120ff
内容の偏り　49

二元論　34
ニュートン，Ｉ　100
人間学　4

人間学的考察　vii, 3ff, 12, 81ff
人間観　34
人間機械論　46
人間性心理学　46
人間論　v
認識　83
　→記号による認識　69
認識論　82, 90

粘着性性格　94, 96

能力　151

●は行……………………………………
パーセンタイルランク　60
ハーバード方式　202
場面見本法　108
範囲　59
判断　44, 46

ＰＲ　60f
ＰＯＳ　51
ＰＴＳＤ　24
比較研究　110
非行　22ff
非公式集団　227
非参加観察　110
非指示的カウンセリング　93, 194ff
微視的観察　108
否定の意味合いをもたせた表現　53
否定的自己像　19, 23f, 88
評価　v, 11, 50
　→教育評価　10, 175ff
　→5段階相対評価　60f
　→自己設定到達度評価　147
　→実験評価　139, 147
　→絶対評価　61
　→相対評価　61
　→模擬評価　169f
標準得点　60
標準偏差　59f

ファーブル，アンリ　100f, 137f
フィールドワーク　108

輻輳説　209f
フーコー，M　157
不適応　88
普遍性　43
普遍的観察　108f
フロイト，ジークムント　122f, 202
プロフィール　56, 63, 64, 95, 96
文化人類学　iv, 110
文化的な環境（観察者の）　100
分散　59
文書　109
文章化　43
文章完成テスト　123
文章完成法　120, 131
分析
　→因子分析　56
　→科学的分析　71
　→事例分析　201ff
　→数学的分析　71
　→精神分析　46, 202
　→説明的（分析的）研究　3
　→論理的分析　71
分析的方法　69f, 72, 74, 76, 77, 160, 217
分裂性性格　94, 96

平均値　58
ベルグソン，H　71
偏差値　32, 60f
ベンダー・ゲシュタルト・テスト　27

法規範　22
報告書記載事項　221
方法
　→科学的方法　3ff
　→仮説的方法　25ff
　→帰納的方法　15ff
　→自然科学的方法　12
　→精神科学的方法　12
　→直観的方法　69ff, 72, 75f, 160
　→哲学的方法　71
　→分析的方法　69f, 72, 74, 76, 77, 160, 217
　→民族学的方法　110
　→了解的方法　vi, 12, 123, 218

●ま行
マスロー，A・H　46
学ぶ　iv
マレ，カール-ハインツ　iv
ミラー，アリス　iv
民族学的方法　110

面接　122, 125
　→生徒中心の面接　78
　→被面接者中心の面接　122
面接者中心の面接　122

盲検法　188, 192
　→三重盲検法　188
　→二重盲検法　188
模擬障害体験　178
模擬生徒指導　162
模擬評価　169f
目的論的説明　3f, 33ff
物の見方・考え方　4f
問題意識と敏感さ（観察者の）　99

●や行
ヤスパース，K　123

有意差　187, 190
有意水準　190

要因　186, 218
要因操作　186, 190f, 193
要素　218
要素還元的　69
要素主義（的）　83, 95, 210

●ら行
理解
　→内からの理解　vi, 159
　→共感的理解　78
　→診断的理解　78
　→生徒理解　76ff
　→外からの理解　160
　→内面理解　120ff

理解力不足　52
理念の記載　130
了解　70
了解心理学　37
了解的方法　vi, 12, 123, 218
了解による説明　34
両義図形　209

臨床実験　137ff
倫理　221

類型的把握　56, 94f, 96

ロジャーズ，カール　93, 123, 132, 195f
論理的分析　71

著者紹介

会田　元明（あいた　もとあき）

1943年生まれ。東北大学教育学部教育心理学科卒業。栃木県身体障害医療福祉センター，栃木県精神保健センター，栃木県中央児童相談所，栃木県県北児童相談所所長を経て，2002年4月より国際医療福祉大学教授。著書に，『幼児臨床心理学』（共著，高文堂出版社，1982），『登校拒否』（共著，金剛出版，1983），『子どもとむかいあうための教育心理学演習』（ミネルヴァ書房，1994），『子どもとむかいあうための教育心理学概論』（共著，ミネルヴァ書房，1996），『子どもとむかいあうための教育心理学実験』（ミネルヴァ書房，1999）がある。

新曜社
教育と福祉のための
教育心理学エクササイズ

初版第1刷発行　2002年4月10日Ⓒ

著　者　会田元明
発行者　堀江　洪
発行所　株式会社　新曜社
　　　　〒101-0051　東京都千代田区神田神保町2-10
　　　　電話（03）3264-4973・Fax（03）3239-2958
　　　　e-mail : info@shin-yo-sha.co.jp
　　　　URL http://www.shin-yo-sha.co.jp/

印刷　光明社　　　　　　　　Printed in Japan
製本　光明社

ISBN4-7885-0792-7　C1011

■新曜社の本

子どもの養育に心理学がいえること　H.R.シャファー　　A5判並製312頁
発達と家族環境
無藤　隆・佐藤恵理子訳　　本体 2800円

子どもの養育について心理学が確実にいえることは何か，それはどのような根拠にもとづいているのか。せまい経験的判断や憶測によって，誤った決定を下すことのないように，最近の科学的研究の蓄積の上に確立された，信頼すべき見方と答えを説く。

障害児は「現場（フィールド）」で学ぶ　　渡部信一　　四六判上製
自閉症児のケースで考える
本体 1700円

「障害児には専門的な知識や技術を持って指導する」といった考え方から，子どもたちのなかで学ぶということの効果の重視へ——ある自閉症のケースを手がかりに，障害児は「現場」でこそ学ぶことを明らかにした，状況的認知論の立場からの提言。

ワードマップ　フィールドワーク　　佐藤郁哉　　四六判252頁
書を持って街へ出よう
本体 1800円

西欧的な思考法や研究法の解体とともに改めて注目をあびているフィールドワーク。その論理とは？　その基本的発想から方法・技法・情報処理のツールまで，すべてを語り尽くした大好評の入門書。

キーワードコレクション　心理学　　重野　純編　　A5判並製392頁
本体 3200円

対象，環境の認知，学習，記憶，動機づけ，感情，思考と言語，パーソナリティ，社会と集団，の9つのジャンルを100のキーワードで解説。

教員養成のためのテキストシリーズ 全5巻

平成12年度から全面的にスタートした新教育職員免許法に対応した入門テキストのシリーズ。学ぶ・教えるという教育の実際的な活動のなかで，教育心理学，臨床心理学に何ができ，何を伝えるべきなのか，編者・執筆者が何度も議論を重ねた成果。A5判並製166〜182頁／本体各1800円

1　教師をめざす　　西林克彦・近藤邦夫・三浦香苗・村瀬嘉代子編
学校教育を巡る環境や問題を認識し，教師に求められる適性，教職を選ぶことの意味を考える。

2　発達と学習の支援　　三浦香苗・村瀬嘉代子・西林克彦・近藤邦夫編
子どもの家庭状況や文化的背景にも注意を払うことのできる，教師としての素地を養う。

3　学習指導の方法と技術　　西林克彦・三浦香苗・村瀬嘉代子・近藤邦夫編
学校で教えるということは子どもたちに何を意味するのか，価値ある学び・効力感のために。

4　児童期の課題と支援　　近藤邦夫・西林克彦・村瀬嘉代子・三浦香苗編
小学生が学校・家庭・社会のなかでぶつかる典型的な課題を取り上げ，その支援方法を考える。

5　青年期の課題と支援　　村瀬嘉代子・三浦香苗・近藤邦夫・西林克彦編
青年期には学校外にも自分の存在する場所をもち始めることを考慮し，問題を多面的にとらえる。

表示価格は税を含みません。